城市轨道交通通信与信号研究

刘昌录　冯琳玲　著

哈尔滨出版社

H.P.H

HARBIN PUBLISHING HOUSE

图书在版编目（CIP）数据

城市轨道交通通信与信号研究／刘昌录，冯琳玲著.
哈尔滨：哈尔滨出版社，2024.9. -- ISBN 978-7-5484-
8206-2

Ⅰ. U239.5

中国国家版本馆 CIP 数据核字第 20244UT893 号

书　　名：城市轨道交通通信与信号研究
CHENGSHI GUIDAO JIAOTONG TONGXIN YU XINHAO YANJIU

作　　者：刘昌录　冯琳玲　著
责任编辑：李　欣
封面设计：赵庆旸

出版发行：哈尔滨出版社（Harbin Publishing House）
社　　址：哈尔滨市香坊区泰山路 82 - 9 号　　邮编：150090
经　　销：全国新华书店
印　　刷：北京虎彩文化传播有限公司
网　　址：www. hrbcbs. com
E - mail：hrbcbs@yeah. net
编辑版权热线：（0451）87900271　87900272
销售热线：（0451）87900202　87900203

开　　本：787mm×1092mm　1/16　　印张：8.75　　字数：188 千字
版　　次：2024 年 9 月第 1 版
印　　次：2024 年 9 月第 1 次印刷
书　　号：ISBN 978-7-5484-8206-2
定　　价：48.00 元

凡购本社图书发现印装错误，请与本社印制部联系调换。
服务热线：（0451）87900279

前 言

城市轨道交通作为现代都市不可或缺的高效大容量公共交通动脉，以其卓越的速度、精准的时效性和卓越的乘坐舒适性，有效纾解了大城市因人口密集、交通负荷沉重而引发的拥堵难题。随着国内各大城市加速推进轨道交通网络化的步伐，轨道交通领域迎来了前所未有的变革，新线路不断涌现，伴随而来的是先进技术与设备的广泛应用，这些革新重塑了轨道交通的运营组织体系、管理模式及维护保养策略。

当前，城市轨道交通系统网络结构日益复杂，规模庞大，各类型轨道交通线路交织成网，展现出多元化的制式特点，从地铁到轻轨，从有轨电车到磁悬浮列车，多样化的列车运行方式满足了不同场景下的出行需求。同时，客流需求的时空分布特性也更加显著，高峰时段与低峰时段的客流差异明显，不同区域的客流热点也各有千秋。

这一庞大而复杂的系统，是土木建筑、轨道工程、车辆工程技术、电力能源供应、先进通信信号技术以及高效运营管理体系等多领域深度融合的高度集成体。各环节紧密相连，共同支撑着城市轨道交通系统的高效、安全、稳定运行，为城市居民提供了便捷、可靠的出行服务，有力推动了城市空间布局的优化与经济社会的发展。

本书专注于城市轨道交通通信与信号，首先介绍了城市轨道交通的基本概念与类型、线网规划建设、线路、车站与基地等内容。随后，详细探讨了城市轨道交通信号基础、联锁设备与列控设备、车辆信号与其他系统、城市轨道交通通信系统与新技术。

鉴于我国城市轨道交通通信与信号控制技术引进自多个国家，制式繁多，资料搜集难度较大，加之编写时间紧迫，书中可能存在一些错误、疏漏或不当之处。因此，我们诚挚地期待读者能够提出宝贵的意见和建议，帮助我们改进和完善本书的内容。

目 录

第一章 城市轨道交通 ··············· 1

第一节 城市轨道交通的概念与类型 ··············· 1

第二节 城市轨道交通线网规划建设 ··············· 5

第三节 城市轨道交通线路 ··············· 11

第四节 城市轨道交通车站与基地 ··············· 21

第二章 城市轨道交通信号基础 ··············· 27

第一节 继电器与信号机 ··············· 27

第二节 转辙机 ··············· 36

第三节 轨道电路与计轴设备 ··············· 46

第三章 联锁设备与列控设备 ··············· 55

第一节 联锁设备 ··············· 55

第二节 列控设备 ··············· 61

第三节 车站信号及通信设备的应用 ··············· 74

第四章 车辆信号与其他系统 ··············· 81

第一节 车辆段与电客车车载信号及通信设备应用 ··············· 81

第二节 闭路电视监控系统和广播系统 ··············· 93

第三节 其他系统 ··············· 100

第五章　城市轨道交通通信系统与新技术 ······· 107

　　第一节　城市轨道交通通信系统 ······· 107

　　第二节　城市轨道交通通信新技术 ······· 119

　　第三节　城市轨道交通信号新技术 ······· 127

参考文献 ······· 134

第一章　城市轨道交通

第一节　城市轨道交通的概念与类型

一、城市轨道交通的分类

按照我国现行公共交通分类标准确立的城市轨道交通体系，城市轨道交通系统被细分为以下七类：

地铁系统，作为城市公共交通的骨干力量，以大运量、高效能著称。该系统基于标准的 1435 mm 轨距钢轮钢轨体系，主要穿梭于大城市的地下隧道网络，亦能灵活适应地上或高架桥运行环境。依据车型设计，地铁细分为常规型与小断面型；而按客运承载量划分，则有高运量与低运量两大类别，精准匹配不同区域的出行需求。

轻轨系统，作为中运量轨道交通的代表，同样遵循 1435 mm 的标准轨距，但其运行环境主要为城市地面及高架桥，采用专用轨道或高架结构，必要时也能融入地下或与地铁网络无缝对接，展现了良好的适应性与灵活性。

单轨系统，独树一帜，以车辆与特制轨道梁的一体化设计著称，分为跨座式与悬挂式两大流派。前者车辆骑跨于单梁之上，后者则悬吊运行，两者均实现了轨道结构的双重功能——既是支撑也是导向，为中运量城市交通提供了新颖的解决方案。

有轨电车，以亲民姿态融入城市生活，轨道铺设于城市道路表面，车辆与地面交通和谐共存。根据街道布局，有轨电车灵活穿梭于混合车道、半封闭或全封闭专用车道，以低运量特性服务市民日常出行。

磁浮系统，科技与自然力的完美融合，利用电磁原理实现列车的悬浮与推进。其标准轨距扩展至 2800 mm，专长于高架线路，亦能跨越地面或地下，分为高速与中低速两大阵营，前者冲刺时速可达 500 千米，后者则以百千米时速稳健前行。

自动导向轨道系统，现代科技与自动化控制的结晶，采用橡胶轮胎行驶于专用轨道，由精密导向装置引领方向，全程由计算机操控，实现无人驾驶与全自动化运营。该系统巧妙融合地下隧道与高架结构，为繁华都市与郊区带来便捷高效的中运量出行体验。

市域快速轨道系统，连接城市重大经济区的动脉，以大运量、长距离客运见长，日客运量可达数十万人次。该系统被灵活部署于地面、高架或隧道，选用高速专用车辆或中低速磁浮列车，以超过 120 千米的时速穿梭其间，为区域间快速通勤提供了经济高效的解决方案。

二、城市轨道交通的技术制式

（一）车辆制式

随着城市轨道交通建设浪潮的持续推进，轨道交通车辆制式展现出前所未有的多样化趋势。其中，普通轮轨车辆作为先驱，凭借旋转电机牵引与钢轮钢轨系统的成熟技术，稳占大、中运量客运市场，A、B、C 型车系列高峰时段单向输送能力卓越，满足高密度客流需求。单轨车辆则以其独特的胶轮轨道梁设计，分跨座与悬挂两式，巧妙融合车辆与轨道，实现高效运行。

磁浮车辆作为高科技结晶，利用直线电机与电磁悬浮技术，在特制轨道上轻盈飞驰，无论是常导型、超导型，还是高速、中低速，均展现了未来交通的无限可能。自动导轨车辆（AGT）则以胶轮平板轨道与计算机控制为核心，实现低成本、高灵活性的小运量自动运行，中央与两侧导向形式灵活多样。

直线电机车辆，作为中运量轨道交通的新星，同样依托钢轮钢轨与直线电机技术，非黏着驱动方式赋予其独特优势，已在多国成功运营，有着广阔的发展前景。而索道交通车辆，源自传统缆车却超越其上，通过胶轮索轨系统悬吊运行，不仅保留了稳定载客与运行速度，更融入了现代化轨道交通的精髓，成为连接城市与自然的新桥梁。这些多样化的车辆制式共同绘制出城市轨道交通的多元蓝图，引领着未来出行的新篇章。

（二）列车编组的分类

城市轨道交通车辆灵活采用编组运行策略，编组辆数为 3 ~ 8 辆，特定情境下可达 10 辆（非城际范畴），而有轨电车则倾向单车或双车编组以适配其低运量特性。面对未来客流的动态增长，设计编组形式需前瞻规划，主要分为全动车编组、动拖车混合编组及单元车组三大类。

全动车编组策略赋予系统高度的灵活性，能随客流波动调整编组规模而不减损整车性能。其优势在于全车驱动，轴重均衡，电制动响应迅捷且机械磨损程度低。但此模式亦伴随挑战，如每车需要独立牵引系统，导致轴重增加、电机总功率攀升，进而提升能耗与维护成本。

动拖车混合编组则依据实际需求平衡动车与拖车数量，提升电机利用效率，集中设备管理，简化维护流程。然而，车辆种类增多与轴重不均成为其潜在短板。

单元车组模式通过半永久车钩将动车与拖车紧固成独立单元，依据客流灵活增减单元数量。此策略优化设备布局，提升设备效率与重量均衡性，进一步减轻维修负担。然而，多单元组合时需注意避免满载率极端化问题，确保运营效能最大化。

综上所述，合理选择编组形式对于城市轨道交通系统而言至关重要，它不仅是应对客流波动、提升运营效率的关键，也是优化服务质量、促进可持续发展的重要途径。

三、城市轨道交通的制式选择

（一）影响因素分析

选择车辆制式时，应首先考虑城市自身条件，满足城市地形及客流要求，而不能片面追求形式上的新颖和所谓技术上的先进，在此基础上，再对车辆制式本身进行综合评价，选出经济效益最好的车辆制式。在进行车辆制式选择时，应着重考虑以下几个因素：

1. 运量等级要求

为了确保城市轨道交通系统能够有效应对未来的客流量增长，应该根据预测的高峰时段的最大断面客流来选择载客量适当、数量合适的车辆，并且要为近期和远期的客流增长预留足够的扩充空间。车辆的载客量主要受到以下几个因素的影响：车辆定员能力、车辆编组形式、行车间隔以及旅行速度。车辆制式的客运能力及定位如表1-1所示。

表1-1　车辆制式的客运能力及定位

客运能力	普通轮轨	胶轮地铁	单轨车辆	直线电机	中低速磁浮	自动导轨	索道交通
编组	4~10	4~10	2~8	4~10	3	2~6	2~10
高峰/万人次	1~8	1~8	0.4~3	1~5	1	0.3~1	0.5
客运量单位	大中运量	大中运量	中运量	大中运量	中低运量	低运量	低运量

2. 线路条件的适应性

轨道交通线路主要服务于市区及近郊地区，为了适应城市复杂的地形条件，这些线路通常需要设计成较小的曲线半径并能应对较大的坡度。此外，线路的铺设方式也会因应不同环境而多样化，包括但不限于高架、地面以及地下隧道等形式。这一切都对车辆制式提出了较高的要求，它们必须能够在各种复杂多变的线路工程条件下安全高效地运行。这意味着车辆不仅要能够在小曲线半径和大坡度条件下平稳行驶，还需要适应多种铺设方式，确保乘客的安全与舒适。因此，车辆的设计与选型必须充分考虑这些因素，以确保轨道交通系统能够有效满足城市交通的需求。

3. 技术安全可靠

轨道交通作为城市中的重要公共交通设施，其安全性至关重要。在选择车辆制式时，应当优先考虑那些具备成熟可靠的供电、信号等技术，并且有成功商业运行经验的车型。除了技术上的安全可靠性外，还需要综合考量车辆及其相关设备的安全性能、安全储备以及二次救援能力。在面对突发事件时，能否有效地进行乘客疏散或是及时实施救援同样非常重要，这些都是确保轨道交通系统整体安全不可或缺的因素。因此，在车辆的选择与配置过程中，必须全面评估这些方面，以保障乘客的生命安全和系统的稳定运行。车辆制式的安全可靠性和二次救援能力如表1-2所示。

表1-2　车辆制式的安全可靠性和二次救援能力

安全可靠性	普通轮轨	胶轮地铁	单轨车辆	直线电机	中低速磁悬浮	自动导轨	索道交通
运营线路	有	有	有	有	有	有	无
二次救援能力	可在路侧设置应急走道，安全疏散有保障	可在路侧设置应急走道，安全疏散有保障	线路高架，轨道梁无法设置应急通道，安全疏散有保障	可在路侧设置应急走道，安全疏散有保障	线路高架，轨道梁无法设应急通道，救援困难，磁浮力支撑，丧失浮力将无法移动	采用充气橡胶轮，需有预防爆裂和发生爆裂后的安全措施	发生事故时救援较为困难

4. 经济因素

在城市轨道交通的建设和运营中，追求成本最小化和效益最大化是核心目标。轨道交通的成本主要由土建成本、车辆成本、系统设备成本以及运营成本构成，而这些成本很大程度上受到所选车辆制式的影响。

首先，土建成本在地下线路建设总成本中占据了显著的比例，为34%至40%，其中隧道和高架桥的建设成本尤为突出。此外，车辆的轴重以及是否能够适应小半径曲线轨道也会影响土建工程的成本。

其次，车辆本身的购置成本会因不同的制式而有很大差异。车辆的价格取决于多个因素，包括车体长度、使用的材料、电机类型、电气设备以及制动系统的配置水平等。

最后，运营成本主要涉及车辆及其相关设备的能耗和维修费用。不同制式的车辆在能耗和维护成本上存在显著差异，这些差异会对长期运营成本产生重要影响。

因此，在选择车辆制式时，需要全面考虑上述因素，以确保整个轨道交通系统的经济性和可持续性。

5. 环境因素

城市轨道交通作为一项重要的公益性基础设施，其核心目标在于为市民提供便捷、舒适且高效的出行方式，同时最大限度地发挥其社会价值。在规划和运营过程中，不仅要确保轨道交通线路能高效运行，还要充分考虑到沿线居民的生活质量。因此，选用振幅小、噪声低的环保型车辆至关重要，这有助于减少对周围社区的负面影响。

环境影响分析是一项关键工作，它是在轨道交通投入运营后进行的一项后评估活动，旨在评价轨道交通对周边人居环境的实际影响。通过这一过程，可以有效监测并减少轨道交通可能带来的环境问题，如噪声污染、振动干扰等。这不仅有助于提升沿线居民的生活质量，还能促进该地区的经济发展，实现轨道交通与城市环境和谐共存的目标。

6. 资源共享因素

近年来，随着国内外城市轨道交通运营经验的积累，"经营地铁"的新理念逐渐兴起。这一理念强调了开源节流的重要性，特别是在节流方面，建立网络化资源共享成为关键策略之一，以节约工程投入和运营成本。资源共享涵盖多个层面，例如线路共享、车辆共享、供电系统共享、人才资源共享以及运营和组织管理的集成等。

为了实现上述资源共享的目标，首先需要确定合适的系统制式，因为制式的选择直接影响资源共享的可行性、范围及效果。在某些情况下，可能需要局部系统做出调整以符合整体网络的需求，这就要求在选择系统制式时充分考虑网络系统资源共享的要求，并在必要时进行综合协调。

总之，无论是从建设还是运营的角度来看，资源共享带来的最大益处在于能够显著降低成本、减少投资，这对于提高城市轨道交通系统的经济性和可持续性具有重要意义。

（二）车辆制式选择的基本原则

在选择城市轨道交通车辆时，应当遵循以下几个原则：

1. 满足客运需求

车辆的选择首要考虑的是满足未来的客运量需求，特别是设计远期单向高峰小时的最大断面客流。

2. 适应自然与线路条件

车辆还需考虑到线路所处的自然环境及具体线路条件，确保车辆能够在各种条件下安全可靠地运行。

3. 技术先进且成熟

选择技术先进成熟的车辆有助于满足国家对轨道交通电机设备国产化率的要求，同时也便于运营管理及设备维护，这需要综合考量国家的技术水平及当地城市的经济实力。

4. 经济实用性

选择经济实用的车辆能有效降低工程总投资，提高项目的经济效益。

5. 技术兼容性

具备良好的技术兼容性的车辆有利于未来城市轨道交通网络的形成，促进资源共享。

6. 环保低干扰

车辆的设计还应注重减少对城市环境的负面影响，比如降低噪声和振幅等。

选择合适的车辆不仅关乎乘客的出行体验和运营效率，也关系到整个城市轨道交通系统的长远发展和社会效益。

第二节　城市轨道交通线网规划建设

一、城市轨道交通线网规划原则

（一）轨道交通线网规划设计的一般原则

在规划城市轨道交通系统时，应遵循以下原则，确保其高效、实用并符合城市发展需求：

1. 轨道交通建设的核心聚焦于满足主干客流需求

旨在通过提升服务比重，优化城市交通结构，从根本上缓解交通拥堵，顺应城市发展的交通增长趋势。线网规划须深度剖析城市土地利用格局、人口与产业布局特点，并精准把握当前与未来道路网络中的客流动态，确保轨道交通网络精准对接主要交通走廊，高效承载客流。

2. 轨道交通线网规划紧密嵌入城市发展蓝图

成为推动城市总体发展战略的关键环节。它不仅支撑着城市空间结构的合理构建，更促进城市发展与结构调整战略目标的加速实现，二者相辅相成，共同绘制城市未来发展的宏伟图景。

3. 沿城市干道布设线路

城市主干道通常是交通最为繁忙、客流最集中的区域，同时这些地区空间较为开阔，有利于降低工程建设成本和对居民生活的干扰。

4. 便捷换乘，减少换乘次数

乘客出行时更关注总的旅行时间而非行驶距离。因此，合理布局轨道交通线路以减少换乘次数，提供便捷的换乘条件对于提高乘客满意度至关重要。

5. 与常规公共交通有效衔接

轨道交通与常规公交系统的良好衔接不仅能方便乘客，缩短出行时间，还能为轨道交通带来更大的客流量，充分发挥其运输能力。

6. 确保客运负荷均衡

应避免个别线路过载或负荷不足，通过合理规划确保各条线路的客运量分布均衡，从而提高整体运营效率和乘客舒适度。

7. 考虑城市特性与地理条件

在确定线路走向时，需充分考虑城市的性质、地貌、地形以及地面建筑状况等因素，特别是保护重要历史文化遗产和环境。此外，还要考虑地质条件，尽可能避开不良地质区域和其他重要基础设施，以利于工程实施并控制建设成本。

遵循上述原则有助于构建一个既符合城市发展需求又高效实用的城市轨道交通系统。

（二）轨道交通线网规划方法

1. 点线面要素层次分析法

城市轨道交通线网规划，作为一项多维度、深层次的综合性工程，其复杂性不言而喻。规划须紧密围绕城市结构形态与客流需求特性展开，实施分层细化研究，聚焦于客流集散关键节点、客流分布密集区域、主要对外辐射方向及线网架构形态。此过程融合了定性与定量分析、轨道工程技术与交通实测数据、静态规划考量与动态发展预测、近期实施方案与远景战略规划等多重维度，通过多方案并行的比较论证，力求精准高效。

在方法论层面，规划创新性地采用"点—线—面"分层分类研究框架。"点"聚焦微观层面，精确捕捉客流集散点、换乘枢纽及线路起讫点的布局艺术；"线"则勾勒中观视角，规划轨道交通走廊的走向与布局策略；"面"则把握宏观大局，统筹线网整体架构与对外连接出口的优化配置。此策略有效汇聚规划专家的智慧与经验，助力从宏观视角全局把控线网蓝图。

然而，值得注意的是，传统经验虽宝贵，却也可能依赖历史数据，难以全面捕捉未来客流需求的微妙变化。为此，规划实践中亟需须入现代数据分析技术的强大力量，通过大数据挖掘、智能预测模型等手段，弥补经验判断的不足，确保规划方案既能根植于现实基础，又能与未来契合，实现科学性与合理性的双重飞跃。

2. 功能层次分析法

这种方法根据城市结构层次的划分，将整个城市的轨道交通网按功能分作三个层次：骨干层、扩展层和充实层。

骨干层：与城市的基本结构形态相吻合，构成基本的线网骨架，是整个轨道交通网络的基础，承担着连接城市主要区域和重要节点的关键任务。

扩展层：在骨干层的基础上向城市外围扩展，旨在延伸服务范围，覆盖更多的人口密集区和重要的交通节点，增强轨道交通网络的连通性。

充实层：为了进一步增加线网密度，提高服务水平，通过增设线路和站点来提升乘客的便利性和可达性，尤其是在人口密集区域和重要商业中心。

通过这三个层次的规划，可以构建一个既能够满足城市当前交通需求，又能适应未来发展变化的高效、实用的城市轨道交通系统。

3. 逐线规划扩充法

这种方法是以现有的快速轨道交通路网为基础进行线网规模的扩充，以适应城市的发展需求。具体而言，这种方法要求在已有建成线路的基础上，调整规划尚未建设的线路，并逐步扩充新的线路，最终形成一个完整的线网规划方案。

这种方法的优点在于：

投资效益高：通过在现有路网上进行扩建，可以更有效地利用现有资源，减少不必要的重复建设，从而提高投资回报率。

缓解交通压力：能够迅速疏通城市中最严重的交通拥堵路段，提高交通效率。

然而，这种方法也存在一些缺点：

难以全面规划：由于主要是基于现有路网进行扩建，因此可能难以从总体上把握线网的构架，不易达到引导城市发展方向和形成合理城市结构的目的。

规划局限性：过分依赖现有路网可能会限制线网规划的创新性和前瞻性。

虽然这种方法在短期内能够有效缓解交通压力并提高投资效益，但从长远来看可能需要结合更为全面和更具前瞻性的规划思路，以更好地适应城市未来的发展需求。

4. 主客流方向线网规划法

该方法的精髓在于精准捕捉城市居民交通需求的细微差异，以此为核心驱动力，首先聚焦于近期，力求最大限度地缓解主干道交通压力，同时远瞩未来，旨在长远引导城市与交通结构的优化布局，促进二者和谐共生。具体实施路径涵盖以下几个关键点：

需求量化分析：细致入微地对初期、近期及远期的交通需求进行空间分布特征的量化剖析，运用先进的数据分析工具，将抽象的交通流动转化为直观的数据模型，为规划提供坚实的数据支撑。

综合方案构想：基于上述量化分析结果，结合深入的定性研究、广泛的实践经验与前瞻性的城市发展趋势判断，构思并提出一系列轨道交通线网规划备选方案。这些方案旨在平衡当前需求与未来发展，确保规划既具有现实可行性，又富含战略远见。

多方案比选优化：对构思出的多个规划方案进行全方位、多角度的比较评估，包括但不限于技术可行性、经济效益、社会影响及环境适应性等方面。通过科学严谨的比选流程，不断优化调整方案细节，最终确定最优或推荐方案，以最大化地满足城市交通发展的多元化需求。

具体做法是在目前与未来的道路网上进行交通分配，依据一定的原则绘制交通流量图，以此来确定主要客流的方向。之后，沿着这些主客流方向布置线路，进而提出多个线网规划方案。这种方法旨在确保轨道交通网络既能有效应对当前的交通需求，也能为城市的未来发展提供良好的支撑。

5. 效率最大优化法

这种方法以路线效率最高为目标和原则，根据已知条件搜索出线路效率最高的一条或几条，作为最优轨道交通线路集来研究线网的基本构架。

二、城市轨道交通项目建设与管理

（一）设计—招标—建造模式

1. 优点

在DBB（设计—招标—建造）模式下，业主、设计机构和承包商在各自独立的合同框架内行使权利并履行义务，这确保了权责分明，同时避免了行政部门的不当干预。业主享有自由选择咨询设计人员的权利，可以根据项目的设计程序和质量要求进行严格控制，并能自主挑选监理人员监督整个项目的实施过程。出于利益目标和市场竞争的考虑，业主倾向于寻找信誉良好且技术实力雄厚的咨询设计机构，这一需求有力地促进了设计咨询公司的发展壮大。鉴于DBB模式在全球范围内长期广泛应用并经受了大量工程实践的检验与优化，其管理理念、组织方式、方法和技术已经相当成熟，参与各方对其运作流程也十分熟悉。

2. 缺点

此模式在技术层面的核心构建于线性流程之上，依次推进设计、招标、施工等阶段，虽条理清晰，却也因此衍生出一系列挑战。首要问题在于建设周期的冗长，这不仅拖慢了项目进程，更使投资成本难以控制，增加了预算超支的风险。建造商在设计环节的缺席，如同一道鸿沟，割裂了设计与施工之间的紧密联系，导致设计方案往往缺乏"可施工性"的考量，进而触发设计变更的连锁反应，这些变更如同不定时炸弹，随时可能引爆建筑师、工程师与承包商之间的协调难题，甚至升级为利益纷争，最终侵蚀业主的权益。

此外，项目周期的漫长与前期投资的沉重负担，为项目增添了更多的不确定性。一旦遭遇变更，不仅项目本身可能偏离原定轨道，更会引发索赔潮，管理成本随之水涨船高，形成恶性循环。为破解此困局，项目管理亟须向更加灵活、协同的方向转型，强化设计、施工等各环节之间的沟通与融合，提升项目的整体响应速度与抗风险能力。

（二）设计—建造模式

1. 优点

采用DB（设计—建造）模式具备多项优势：

减少协调时间和费用：通过与承包商密切合作，从项目规划直至最终验收，可以有效减少协调过程中所耗费的时间和费用。

融入专业知识和经验：承包商能够在项目早期阶段就将其在材料选择、施工方法、结构设计、成本估算及市场趋势等方面的知识和经验融入设计之中。

有利于成本控制和降低造价：实行 DB 模式有助于更好地控制成本，并且根据外国经验显示，这种方式平均可以降低造价约 10%。

有利于进度控制和缩短工期：设计与施工的紧密结合有助于更好地控制项目进度，从而实现缩短整体建设周期的目标。

责任单一化：在 DB 模式下，业主的主要责任是按照合同规定的条款支付款项，而总承包商则负责按时交付业主所需的产品，并对整个项目的建设过程承担全部责任。

这些特点使得 DB 模式成为一种高效且经济的项目实施方式。

2. 缺点

①对最终设计和细节的控制能力较差。

②总承包商的设计对工程经济性有很大影响，在 DB 模式下承包商承担了更大风险。

③质量控制权主要取决于业主招标描述书的质量，而且总承包商的水平对设计质量有较大的影响。

④时间较短，缺乏特定的法律、法规约束，没有专门的险种。

⑤操作复杂，竞争性较小。

（三）设计、采购、施工一体化模式

1. 优点

采用 EPC（设计、采购、施工一体化）模式具有以下优势：

项目责任单一：由单个承包商对项目的设计、采购、施工全面负责，简化了合同组织关系，便于业主管理，确保了责任的单一化。

成本确定性强：EPC 模式通常采用总价包干的形式，这意味着投资成本在项目早期就能得到保障，业主不必担心后续因市场变化而导致的成本波动。

责、权、利划分明确：EPC 模式下，各方职能、责任、权利和义务界定清晰，有助于减少工程参与方之间的纠纷，确保以项目目标为中心的任务执行。

综合效益提升：EPC 模式下，设计、采购和施工的紧密配合有助于提高项目的综合效益，设计与施工的顺畅对接确保了工程质量与投资的合理平衡，同时设计和采购之间的有效沟通减少了不必要的采购损失。

提高承包商综合竞争力：EPC 模式要求承包商具备全面的能力，包括设计、采购、施工以及融资和项目管理能力，这种模式促进了承包商资源整合能力和生产要素优化配置水平的提升，进而增强了企业的综合竞争力。

EPC 模式不仅简化了业主的管理流程，还通过明确的责权分配、成本控制、效益优化以及承包商能力的提升，确保了项目的顺利进行和成功交付。

2. 缺点

①能够承担 EPC 模式大型项目的承包商数量较少。

②承包商承担的风险较大，工程项目的效益、质量完全取决于 EPC 模式项目承包商的经验及水平。

③工程的造价可能较高。

3. 风险分析

EPC 模式下业主和承包商的风险与 DB 模式基本相同，但在 EPC 模式下，承包商承担了更大的风险。

（四）建设运营转让模式

1. 优点

采用 BOT（建设运营转让）模式在城市轨道交通项目中具有以下优势：

缓解财政压力：面对城市轨道交通建设庞大的资金需求，BOT 模式如同一剂强心针，有效减轻了政府及公共部门的财政负担。它通过引入社会资本，共同参与基础设施建设，解决了资金短缺的矛盾，为城市发展注入了新活力。

风险转移与分担：鉴于城市轨道交通项目的长期性和不确定性，BOT 模式巧妙地将部分风险转移至项目承办者等利益相关者，为政府筑起了一道风险屏障。这种风险分担机制不仅保障了政府财政的安全，也促使承办者更加审慎地评估与掌控项目风险，确保项目的稳健推进。

成本控制与效率提升：BOT 模式下，承办人的投资收益与其合同履行情况紧密相连，这自然激发了他们严格控制预算、优化设计的动力。加之贷款机构对项目更为严格的审查与监督，双重保障下，项目成本得以有效控制，运作效率显著提升，确保了项目的按时按质完成。

促进管理与技术创新：企业机构的深度参与，不仅带来了更加严格的内部管理和成本控制机制，还促进了先进技术与管理经验的交流和学习。尤其是当项目由境外发达地区的机构承包时，更是有助于本国承包商吸收国际先进理念，推动行业整体的技术进步与管理创新。

激活资本市场与国际合作：BOT 模式不仅是资金的汇聚器，更是资本市场的催化剂。它鼓励本地机构和个人投资基础设施建设，激活本地资本市场。同时，作为吸引外资的有效途径，BOT 模式促进了国际资本流动，加深了国际经济合作，为城市乃至国家的经济发展拓宽了国际视野与合作空间。

2. 缺点

采用 BOT 模式在城市轨道交通项目中存在以下几点挑战：

政府失去控制权：在特许期内，政府将对项目的控制权交给了项目承办商，这意味着政府在这段时间对项目的决策和管理失去了直接的控制。

成本考虑：项目承办者为了保证向政府提供最高的资金价值，并给予投资者和贷款者合理的回报，同时确保自身盈利，往往会将投标价格设定得较高。这不仅需要考虑项目所在地政府在项目建设中的目标，还需要兼顾投资者和自身的利益。

技术创新受限：在项目的初始阶段，前期工作通常由当地政府进行或需报政府审批。这一阶段缺乏企业机构的参与，导致企业机构在后续参与项目的建设和运营时，采用的技术必须是已经通过政府审批的技术，这可能对企业机构的技术创新构成一定的限制。

第三节 城市轨道交通线路

一、城市轨道交通线路分类

(一) 正线

正线，作为城市轨道交通系统的主动脉，无缝连接着每一座车站，从运营线路的起点延伸至终点，专责承载旅客的日常出行需求。其设计独树一帜，往往采取全封闭式构造，确保运营环境的独立与安全。正线规划遵循双线并行原则，明确划分为上行与下行轨道，遵循右侧行车准则，与地面交通规则和谐统一，便于乘客认知与操作。鉴于其承载的高速运行与密集车流特性，正线建设标准严苛至极，旨在最大化行车安全，兼顾乘客旅途的平稳舒适。

安全性提升方面，正线与其他交通线路的交汇点成为设计考量的重点。为彻底规避潜在的交通冲突，立体交叉设计成为首选方案，通过空间层次的巧妙分离，确保线路各行其道，互不干扰。当然，在特定情境下，如运营初期阶段，若经科学评估确认两线路或交通方式的运量尚处于较低水平，且其通行能力能够满足当前及可预见的需求时，出于成本效益考量，亦有可能审慎采用平面交叉设计，但需辅以严密的交通管理与监控措施，以保障整体交通秩序与安全。

(二) 辅助线

1. 折返线

在城市轨道交通系统中，有两种主要的折返线用于列车的折返作业：

环形折返线（也称为"灯泡线"）：这种折返线将列车的端点折返作业转化为沿着一个环形单线区段运行的任务。它通常适用于那些线路相对较短、未来不太可能进行大规模延伸，并且端点站常常位于地面的情况。

尽端折返线：这种折返线分为单线折返、双线折返以及多线折返等多种布置形式。尽端折返线打破了环形折返线的一些局限，使得端点站不仅能够高效地组织折返作业，还能设置停车线来应对故障停车、车辆检修以及夜间停放等需要。

这两种折返线的设计都是为了确保列车运营的顺畅与高效，同时也要考虑未来的运营灵活性和维护便利性。

2. 渡线

渡线是指用道岔将线路上行线、下行线及折返线连接起来的线路。渡线有单渡线和交叉渡线两种。渡线单独设置时，用来临时折返列车，增强运营列车调度的灵活性。渡线与其他辅助线合用时，能完成或增强其他辅助线的功能。

3. 联络线

联络线是沟通两条轨道交通线路的连接线。联络线按其布置形式可分为单线联络线、双线联络线和联络渡线。

4. 停车线

停车线是用于停放列车、进行少量检修作业的线路，一般设置在端点站。在车辆基地则有众多的停车线，用于夜间列车停止运营后的停放。需要进行检修作业的停车线应设有地沟。

5. 出入线

为了确保城市轨道交通系统的正常运作，需要在沿线合适的位置设置车辆段。这些车辆段主要用于列车的停放和检修工作。车辆段与正线之间通过车辆段出入线相连，这条线路作为车辆段与正线之间的联络通道至关重要。车辆段出入线可以设计为双线或单线，具体取决于线路的远期通过能力和运营需求。此外，在与城市道路或其他交通方式的交叉处，可以采用平交或立交的方式，以确保交通安全并减少对城市交通的影响。设计方案的选择应当综合考虑长远规划和技术经济因素。

6. 安全线

安全线，作为城市轨道交通系统中不可或缺的防护屏障，与脱轨器、脱轨道岔及防溜设备等共同构筑起一道坚实的隔离网，守护着列车运行的秩序与安全。其核心使命在于严防列车未经授权擅自闯入正线，特别是在车辆段（场）出入线、折返线及复杂道岔区域，有效预防与正线列车发生意外碰撞，确保整个轨道交通网络的安全顺畅运行。

安全线的长度通常设定为不低于 40 米，这一标准旨在提供足够的安全缓冲距离，即便在紧急情况下也能为列车提供足够的制动空间，避免碰撞风险。然而，面对实际建设中的地形限制或特殊工况，灵活应对成为关键。在此情境下，脱轨道岔作为一种创新替代方案应运而生，它能够在特定条件下接替安全线的角色，通过改变轨道走向引导列车安全偏离正线，确保系统整体的安全性与灵活性不受影响。

综上所述，安全线及其配套隔开设备的设计与应用，体现了轨道交通系统对安全性的不懈追求与智慧创新，它们共同织就了一张严密的安全防护网，为乘客的每一次出行保驾护航。

（三）车场线

在车辆基地内部用于停运后列车入库、检修、试车及调车等作业的线路，统称为车场线。由于列车在场内行驶速度较小，故线路标准只要满足场区作业即可。

二、城市轨道交通线路设计

（一）线路平面技术要素确定

1. 圆曲线半径及长度

当列车以一定的速度在曲线上行驶时，车辆会受到离心力的作用，该力的大小与速度的平方成正比、与曲线半径成反比。离心力不仅影响列车行驶的平稳性与安全性，还会导致外侧车轮的轮缘紧压外轨内侧面而加剧轨道和车轮的磨损。同时，列车在曲线段行驶时，动轮踏面会产生横向和纵向滑动，这会导致车轮与钢轨间的黏着系数下降，从而减少列车的牵引力。

因此，曲线半径的设计应在综合考虑线路性质、车辆性能、行车速度、地形地物条件以及工程难易程度和造价等因素，并经过比较选择后合理确定，同时需要满足有关规范对最小曲线半径的限制要求。从运营的角度出发，最小曲线半径应尽量少用，以保证列车运行的安全性和舒适度。表 1-3 为《地铁设计规范》规定的最小曲线半径值。

表 1-3　《地铁设计规范》规定的最小曲线半径值

线路		一般情况/m		困难情况/m	
		A 型车	B 型车	A 型车	B 型车
正线	$v \leq 80$ km/h	350	300	300	—
	80 km/h $< v \leq 100$ km/h	550	500	450	
联络线、出入线		250	200	150	
车场线		150	110	110	

圆曲线长度较短有利于保证行车视距、减少行车阻力和降低养护维修的工作量。然而，如果圆曲线长度过短，短于车辆的全轴距时，车辆的一部分会在直线上，而另一部分则处于曲线上，这种情况下车辆会同时位于直线、缓和曲线和圆曲线这三种不同的线型上，影响行车的平稳性和乘客的舒适性，并可能危及行车安全。

通常来说，为了确保行车安全和乘客舒适，正线和辅助线的圆曲线长度应该遵循一定的标准。对于使用 A 型车辆的线路，圆曲线长度不宜小于 25 米；而对于使用 B 型车辆的线路，则不宜小于 20 米。在特殊困难的条件下，圆曲线的最短长度也不得小于车辆的全轴距。这样的设计能够有效地平衡行车安全、舒适度与线路建设的成本效益。

2. 缓和曲线线型及长度

缓和曲线是一种设置在直线与圆曲线之间的曲线，其特点是曲率半径逐渐变化。由于直线段的曲率半径理论上为无限大，因此在直线和具有一定曲率半径的圆曲线之间插入一段曲率逐渐变化的缓和曲线，有助于保证行车安全、平稳且舒适地从直线过渡到圆曲线，或是从圆曲线过渡回直线。

为了确保固定轴距的轨道交通车辆能顺利通过曲线，在圆曲线半径较小的情况下，轨距需要适当加大，这一过程被称为轨距加宽。当车辆通过曲线时，会受到离心力的作用而产生向外偏移的趋势，为了抵消这种趋势并确保行车安全，在圆曲线半径较小的地方，可以通过使外侧钢轨比内侧钢轨高出一部分来利用列车自身的重量产生的分力来平衡离心力，这种做法称为外轨超高。

在直线与圆曲线之间设置缓和曲线，可以实现轨距加宽和外轨超高的逐渐过渡，从而保证车辆平稳通过。缓和曲线的线型可以是多种类型，例如螺旋线、三次抛物线、五次抛物线或一波正弦曲线等，其中三次抛物线是最常见的选择。通过这些设计，不仅提高了乘客的乘坐舒适度，也确保了车辆的安全运行。

3. 夹直线及其长度

位于两条相邻缓和曲线或圆曲线之间的直线段被称为夹直线。在城市轨道交通的设计中，布线条件通常受到诸多限制。当相邻两条曲线的端点距离过近，导致夹直线非常短时，可能会出现一辆车同时跨越两条曲线的情况。这种情况会导致车辆左右摇摆，影响行车的平稳性，并且难以保持夹直线的方向，增加了轨道的维护难度。

因此，需要对夹直线的最小长度进行限制。在正线以及辅助线上，相邻曲线间的夹直线长度（不包括超高顺坡和轨距递减段的长度）应符合特定的要求：对于使用 A 型车的线路，夹直线的最小长度不宜小于 25 米；对于使用 B 型车的线路，则不应小于 20 米。在极其困难的情况下，夹直线的长度至少要满足一个车辆全轴距的长度要求。而对于车场线上的夹直线，其最小长度则不得小于 3 米。这些规定有助于确保行车的安全性和乘客的舒适度，同时也降低了维护成本。

（二）线路纵断面设计

1. 坡度

坡段坡度是指该坡段前后两个变坡点高差与坡段水平长度的比例，它是线路纵断面设计中的一个重要指标。在城市轨道交通中，线路纵断面的设计需要控制最大和最小纵坡值，目的是确保行车安全、提高旅客舒适度、维持运营速度，并满足排水需求。此外，最大纵坡还会影响线路的埋深和工程造价。

一般而言，在满足排水和高程控制要求的前提下，线路坡度应该尽可能设置得较为平缓。具体来说，正线的最大坡度不宜超过 30‰，在极为困难的地段可以放宽至 35‰（这里的数值均未考虑各种坡度折减因素）。联络线和出入线的最大坡度则不宜超过 40‰。

关于最小纵坡值，地下区间的线路最小纵坡不宜小于 3‰，但在保证纵向排水需求的情况下，困难地段可以采用小于 3‰的坡度。而对于高架线和地面线的正线，在采取了有效的排水措施之后，最小纵坡可以不受上述限制。这些规定旨在平衡工程成本与运营需求，同时确保整个系统的高效运行。

2. 坡长

坡段长度指的是该坡段前后两个变坡点之间的水平距离，这是另一个重要的坡段特征指标。当列车通过变坡点（两个不同坡度区段的连接点）时，会产生附加力和附加加速度，这可能会影响列车的平稳性和乘客的舒适度。因此，为了确保行车平稳和乘客舒适，坡段长度通常设计得较长一些。

然而，坡段过长可能会导致较大的工程量，从而增加工程造价和施工难度。因此，在确定坡段长度时，需要综合考量列车运行的需求与工程成本之间的平衡。

具体来说，线路的坡段长度不宜小于远期规划中列车的最大长度，并且应当满足相邻竖曲线间夹直线长度的要求，这一夹直线长度不宜小于 50 米。这样的设计能够有效地减少列车通过变坡点时产生的冲击，同时控制工程成本，确保线路的安全性、可靠性和经济性。

3. 坡段连接

《地铁设计规范》不仅对竖曲线半径做了规定（表 1-4），同时还对竖曲线设置规定如下：车站站台计算长度内和道岔范围内不得设置竖曲线，竖曲线离开道岔端部的距离不应小于 5m；碎石道床线路竖曲线不得与平面缓和曲线重叠，当不设平面缓和曲线时，竖曲线不得与超高顺坡段重叠。

表 1-4　竖曲线半径

线别		一般情况/m	困难情况/m
正线	区间	5000	3000
	车辆端部	3000	2000
联络线、出入线		2000	
车场线		2000	

1. 限界的类型

车辆限界、设备限界和建筑限界是城市轨道交通系统中重要的设计概念，它们确保了列车运行的安全性和设施设备的有效布置。下面是对这些概念的综合描述：

（1）车辆限界

车辆限界指的是车辆在正常运行状态下所形成的最大动态包络线。它是根据车辆横截面轮廓包络而成的，作为设计限界的基础资料。车辆限界包括受电弓限界和受流器限界等组成部分。对于直线地段，车辆限界分为隧道内的车辆限界和高架或地面线上的车辆限界；其中，高架或地面线车辆限界需要在隧道内车辆限界的基础上，加上当地最大风荷载引起的横向和竖向偏移量。

（2）设备限界

设备限界是在车辆限界的基础上考虑了轨道可能出现的最大允许误差导致的车辆偏移和倾斜，以及设计、施工和运营过程中难以预见的因素而预留的安全量后确定的空间尺寸。它是一条限制设备安装位置的控制线，所有的固定设备及土木工程的任何部分均不得侵入这条控制线。

在直线地段，设备限界通常是在车辆限界的基础上向外扩大一定的安全间隙来形成的。例如，车体肩部横向向外扩大 100 mm，边梁下端横向向外扩大 30 mm，接触轨横向向外扩大 185 mm，车体竖向加高 60 mm，受电弓竖向加高 50 mm，车下悬挂物下降 50 mm，转向架部件最低点到轨顶面的距离分别为 A 型车 25 mm 和 B 型车 15 mm。

对于曲线地段的设备限界，则需要在直线地段设备限界的基础上，根据平面曲线的不同半径、过超高或欠超高引起的横向和竖向偏移量，以及车辆和轨道参数等因素计算确定。若两条相邻的线路之间无墙体、立柱或其他设备，则两设备限界之间的安全间隙不应小于 100 mm。

（3）建筑限界

建筑限界是在设备限界的基础上，考虑到设备和管线安装所需的尺寸而确定的最小有效断面。在宽度方向上，设备与设备限界之间应保留 20~50 mm 的安全间隙。如果没有设备或管线紧贴建筑限界侧面或顶部，则建筑限界与设备限界之间的间隙不宜小于 200 mm，在困难条件下也不得小于 100 mm。

2. 超限限界

超限限界指货物任何部分的高度和宽度超过机车车辆限界时，称为超限限界。根据货物超限的程度可分为一级超限、二级超限、超级超限。

三、城市轨道交通轨道结构

(一) 钢轨

1. 钢轨的作用

钢轨支撑和引导机车车辆的车轮运行,确保车轮在轨道上平稳滚动。它们不仅承受车轮传来的压力,并将这些压力传递给轨枕,还为车轮提供阻力最小的滚动表面。此外,钢轨在铁路系统中还扮演着供电和信号电路的重要角色。为了满足这些要求,钢轨必须具备耐压、耐磨的特性,同时还需要具备一定的韧性,以减轻车轮对钢轨的冲击。因此,制造钢轨的材料通常含有适量的碳、锰、硅等元素,并通过全面淬火工艺处理,增强其强度、耐磨性和韧性,从而延长钢轨的使用寿命。这种材料和工艺的选择,确保了钢轨在铁路系统中的可靠性和耐用性。

2. 钢轨的组成

钢轨断面为"工"字形,由轨头、轨腰和轨底三部分组成。

3. 钢轨的类型

钢轨的分类通常基于每延米的质量,包括 43 kg/m、50 kg/m、60 kg/m 和 75 kg/m 等类型。在城市轨道交通的正线中,通常采用 50 kg/m 和 60 kg/m 的钢轨,而在车辆段则可能使用 43 kg/m 和 50 kg/m 的钢轨。我国的标准钢轨长度有 12.5 m 和 25 m 两种,对于曲线段,可以使用缩短的标准钢轨。

钢轨由于其材料特性,会因温度变化而发生热胀冷缩。因此,在两根钢轨的接头处需要预留一定的轨缝,以允许钢轨在温度变化时自由伸缩,避免产生应力。

对于地铁正线以及半径在 250 m 及以上的曲线地段,推荐铺设无缝线路。无缝线路是将 25 m 长的钢轨端头无螺栓孔的部分焊接起来,形成 1 km 或更长的轨条,然后铺设在轨枕上。这种设计大大减少了接缝数量,从而消除了列车通过接头时的冲击力,有效降低了振动和噪声。由于无缝线路在 1 km 长的钢轨内没有轨缝,温度的升高或降低会在钢轨内部产生巨大的温度压力或拉力,这是无缝线路的一个显著特征。为了应对这种压力或拉力,需要在一定的温度下将钢轨锁定在轨枕上,以降低拉应力和压应力,防止钢轨因温度变化而发生胀轨现象。

隧道内由于温度变化较小,因此由温度变化引起的拉应力和压应力相对较小,这使得在隧道内铺设无缝线路非常有利。然而,在地面线路上铺设无缝线路时,就需要加强养护和监控,并在必要时进行应力放散工作,以防止线路因胀轨而发生偏移。

4. 钢轨养护与更换

钢轨在使用过程中可能会遭受折断、裂纹、磨耗等损伤,这些损伤不仅影响钢轨的使用性能,还可能危及行车安全。因此,对钢轨进行日常养护至关重要。养护工作不仅包括及时更换受损的钢轨,还涉及对钢轨进行维修,以恢复其性能并延长使用寿命。

维修工作主要包括磨修和焊修两种方式。磨修是通过磨削钢轨表面,消除接触疲劳层的剥离和掉块现象，改善钢轨的平面状况。焊修则是通过焊接技术修复钢轨上的裂纹和损伤部位，恢复钢轨的完整性和承载能力。这两种维修方法都能有效降低钢轨的磨损，提高其耐久性。

通过定期的养护和维修，可以确保钢轨保持良好的运行状态，降低故障发生的概率，从而保障铁路运输的安全和效率。

（二）轨枕

1. 轨枕的作用

轨枕，作为轨道结构中的核心基础构件，扮演着支撑与传递压力的关键角色。它被巧妙地安置于钢轨之下，如同一位默默奉献的支撑者，将钢轨所承载的巨大压力和应力均匀地分散并传导至下方的道床之上。这一过程中，轨枕不仅确保了轨道结构的稳定性，还巧妙地维系了钢轨间的标准轨距和正确的行进方向。

为了确保轨枕能够胜任这一工作，它必须具备一系列卓越的性能。首先，坚固性是其基础，只有足够坚固的材质和结构，才能承受来自钢轨及列车长期、高强度的压迫而不发生形变或损坏。其次，弹性同样重要，适度的弹性能够缓解列车行驶时产生的振动和冲击，提升乘客的舒适度，并减少对轨道结构的损伤。最后，耐久性也是不可或缺的，轨枕需要经受住各种恶劣环境条件的考验，如极端天气、湿度变化等，以确保其长期、稳定地发挥作用。

除了上述基本性能外，轨枕还需具备强大的固定能力和抗位移特性。它必须能够牢固地固定钢轨，防止其因各种外力发生纵向或横向的位移，从而确保列车安全、平稳运行。这一特性在曲线段和道岔区域尤为重要，因为这些区域更容易受到列车行驶过程中产生的离心力、侧向力等复杂力的影响。

2. 轨枕的种类

轨枕按制造材料分类，常用的可分为木枕和钢筋混凝土轨枕。

在铁路轨道建设中，木枕与钢筋混凝土轨枕作为两种主流的轨枕材料，各自承载着独特的优势与局限。

木枕，以精选并经过严格防腐处理的木材为原料，展现出了其独特的魅力。其卓越的弹性与绝缘性能，不仅为列车行驶提供了平稳的支撑，还有效隔离了电气干扰，保障了铁路信号系统的稳定。此外，木枕对环境温度变化相对不敏感，展现出良好的适应性。其轻量化的设计，不仅便于加工制造，也降低了更换维护的难度，使得线路调整与升级更加灵活高效。然而，木枕的寿命相对较短，易受腐朽侵蚀，且道钉孔的松动问题也限制了其长期使用的稳定性。因此，木枕更多被应用于临时轨道或需承受高强度冲击的道岔区域。

相比之下，钢筋混凝土轨枕则以其卓越的性能与耐久性赢得了广泛认可。作为由钢筋与混凝土紧密结合的复合材料，钢筋混凝土轨枕不仅具有极高的承载能力与稳定性，还能有效抵抗来自列车的纵向与横向应力，确保轨道的几何尺寸与方向准确无误。其长寿命、低养护成本的特点，使得钢筋混凝土轨枕成为无缝线路与高速列车线路的理想选择。在城市轨道交通领域，其广泛的应用更是彰显了其在现代铁路建设中的重要地位。然而，钢筋混凝土轨枕也并非毫无瑕疵。其高昂的造价、笨重的体形以及搬运安装的不便，都为施工与维护工作带来了一定的挑战。此外，在极端重载条件下，钢筋混凝土轨枕也存在断裂的风险，需引起足够的重视。

轨枕按铺设位置可分为普通轨枕、岔枕和桥枕；按结构可分为横向和纵向轨枕、短轨枕和长轨枕、宽轨枕。地面线路通常采用国家标准轨枕铺设。隧道等特殊环境下，如果采用钢筋混凝土短轨枕式混凝土整体道床，短轨枕应在工厂预制，混凝土强度等级宜为 C50，底部应伸出钢筋以加强与混凝土整体道床的连接；如果采用连续支承混凝土整体道床，则应采用整体灌注式。这些不同的轨枕类型和铺设方式，都是为了适应不同的轨道条件和提高轨道的稳定性与安全性。

（三）联结零件

联结零件在铁路轨道系统中扮演着至关重要的角色，它们分为接头联结零件和中间联结零件两大类。

接头联结零件主要由夹板、螺栓和垫圈等组成，它们的主要功能是将钢轨紧密联结，确保接头部分与钢轨本身具有相同的整体性。这种联结不仅能够抵抗弯曲和移位，还能适应钢轨因温度变化而产生的热胀冷缩。尽管在城市轨道交通中，无缝线路结构已经被广泛采用，减少了接头联结零件的使用数量，但在无缝线路的缓冲区、轨道电路的绝缘区以及有道岔的线路区段中，接头联结零件仍然是不可或缺的。

中间联结零件，也就是扣件，负责将钢轨固定在轨枕上，保持轨距，并防止钢轨发生纵、横向移动。扣件必须具有足够的强度、耐久性和弹性，以确保钢轨与轨枕之间的稳定联结。此外，扣件的设计还应简洁，便于安装和拆卸。

扣件系统，作为铁路轨道中不可或缺的联结组件，巧妙地融合了钢轨扣压件、轨下垫层件等多个关键元素，主要包括弹性扣件、稳固的承托物以及功能丰富的弹性垫板。这一精心设计的系统，在保障铁路轨道稳定运行方面扮演着至关重要的角色。

首先，弹性扣件以其独特的结构设计，实现了对钢轨的紧密扣压，确保钢轨在列车行驶过程中能够保持稳定的位置，避免发生不必要的位移或松动。这种紧固作用不仅提升了轨道的几何精度，还为列车的平稳运行提供了坚实的基础。

承托物，作为扣件系统的另一重要组成部分，其主要职责是稳固地将扣件固定在轨枕之上。通过精密的加工与安装，承托物确保了扣件与轨枕之间的紧密连接，有效抵抗了来自列车行驶过程中的各种冲击与振动，从而保障了扣件系统的长期稳定性。

而弹性垫板，则以其独特的绝缘与缓冲性能，进一步提升了轨道系统的综合性能。它被巧妙地布置于钢轨与轨枕之间，不仅有效避免了钢轨可能产生的漏电现象，减少了杂散电流对铁路设施的潜在威胁，还通过其良好的弹性特性，增加了轨道的减振效果，提高了乘客的舒适度。同时，弹性垫板还有助于分散列车行驶时产生的压力与应力，延长了轨道系统的使用寿命。

综上所述，扣件系统中的各个组成部分相互协作、共同发力，为铁路轨道的安全、稳定、高效运行提供了强有力的保障。合理的设计、精确的制造以及科学的使用与维护，都是确保这一系统持续发挥最佳性能的关键所在。

（四）道床

1. 道床的作用

在铁路轨道系统中，道床的功能至关重要，其主要作用包括扩散压力、保持轨距、减震、排水以及方便维修养护。

扩散压力是指道床将来自轨枕的巨大载荷分散传递给路基，确保路基表面的应力分布均匀，并且不超过其容许强度。这有助于防止路基的过度变形或破坏。

保持轨距是指道床提供必要的阻力来约束轨道框架，维持轨道的方向和高低等几何形状，确保列车运行的稳定性和安全性。

减震与排水的双重功效，以及便于维修养护的设计原则，共同构成了道床系统保障铁路运行安全与效率的基石。

首先，减震功能是道床系统的核心优势之一。它依赖于道床材料的卓越弹性和阻尼特性，能够有效吸收并衰减列车行驶过程中产生的振动与冲击。这一过程不仅减轻了列车对轨道及下部结构的动态作用力，还显著降低了振动波向下部结构的传播，从而有效保护了路基的完整性，延缓了轨道结构的疲劳损伤，进而延长了整体轨道系统的使用寿命。

其次，排水性能是道床系统不可或缺的重要特性。采用透水性良好的材料铺设道床，能够确保雨水及地下水在道床内部快速渗透并排出，有效防止了轨道因积水而引发的冻胀、软化等病害。这一设计不仅提升了路基的承载能力和稳定性，还降低了因水分导致的轨道几何尺寸变化，保障了列车行驶的平稳与安全。

最后，便于维修养护的设计原则体现了道床系统的人性化考量。在道床设计与材料选择时，充分考虑了未来可能发生的轨道不平顺、方向不良等问题，并预留了便捷的维修通道和操作空间。这使得在轨道出现病害时，能够迅速采取有针对性的维护措施，如捣固、调整轨距等，以最短的时间恢复轨道的几何尺寸和运行状态，确保铁路交通的连续性和可靠性。

2. 整体道床结构

在城市轨道交通系统中，道床结构的选择至关重要，它直接影响到轨道的稳定性、舒适性和维护成本。整体道床结构，作为现代轨道交通的优选方案，已被广泛应用于地下铁道隧道及无砟桥梁等场景。这种道床摒弃了传统道砟层，直接在坚实基底上浇筑混凝土，形成了稳固的支撑结构，即无砟道床或混凝土整体道床。

整体道床依据其构造特点，可细分为无枕式与轨枕式两大类。无枕式整体道床，又称整体灌注式道床，凭借其低建筑高度和出色的减震性能脱颖而出。其构建过程涉及就地连续灌注混凝土基床或纵向承轨台，对模架刚度要求极高，施工过程因而显得较为复杂。而轨枕式整体道床则进一步细化为短枕式与长枕式，两者各有千秋。短枕式整体道床以稳定耐久、结构简单著称，施工方法简便快捷，常配备中心排水沟以提升排水效率。长枕式整体道床则增设侧向水沟，并通过长轨枕预留圆孔设计，实现了与道床的紧密联结，增强了整体结构的稳定性，尤其适用于软土地基隧道，其排轨法施工亦能显著提升工程进度。

整体道床的优势显著，首先在于其强大的整体性和稳定性，无论是纵向还是横向，都能提供可靠的支撑，确保列车行驶的安全与平稳。其次，其良好的平顺性和弹性，有效提升了乘客的乘坐舒适度。再次，坚固稳定的结构赋予了整体道床长久的使用寿命，并显著降低了后期的维修工作量和成本。最后，整洁的表面、较小的建筑高度，不仅优化了隧道净空，还降低了建设投资，带来了显著的综合经济效益。尤为值得一提的是，无砟轨道上的无缝线路彻底消除了涨轨跑道的隐患，即使在高速行车状态下，也能有效防止石渣飞溅带来的伤害。

然而，整体道床亦非完美无缺。高昂的造价、严苛的施工精度要求以及特殊的施工方法，都是其不容忽视的短板。更为严峻的是，一旦在运营过程中出现病害，尤其是基底沉陷等问题，整治难度将大大增加，修补工作极为艰巨。因此，在整体道床的设计与施工过程中，必须充分考量上述因素，采取科学合理的措施，以确保其长期稳定和安全运行。

（五）防爬设备

列车在运行过程中，由于动力作用，常常会产生纵向力作用于钢轨上，导致钢轨发生纵向移动，这种现象被称为爬行。特别是当列车速度较快或轴重较大时，爬行现象会更为严重。线路的爬行不仅会引起接缝不匀、轨枕歪斜等问题，还会对线路造成较大破坏，严重时甚至可能导致胀轨跑道，对行车安全构成威胁。

为了防止钢轨爬行，我国广泛采用了一种穿销式防爬器，该防爬器由带挡板的轨卡和穿销组成，每个防爬器能够承受高达 3500 kg 的爬行力。为了更有效地发挥防爬器的作用，通常还会在轨枕之间安装防爬撑。防爬撑的作用是将 3 至 5 根轨枕联系起来，形成一个整体，共同抵抗钢轨的爬行。

通过使用穿销式防爬器和防爬撑，可以有效地减少钢轨的纵向移动，降低线路爬行带来的风险，从而保障铁路线路的稳定性和行车安全。这些措施的实施，对于维护铁路线路的正常运行和提高铁路运输的安全性具有重要意义。

（六）道岔

1. 单开道岔

单开道岔，作为铁路网络中最普及且基础的连接设施，其主要由转辙器、辙叉及护轨及连接部分精妙组合而成。转辙器部分，其核心在于两根尖轨与两根基本轨的协作，通过转辙机械的精细操控，尖轨的位置得以灵活调整，从而精准决定道岔的开向，无论是主线直行的顺畅还是侧线向左或右的巧妙分岔，均游刃有余。

辙叉及护轨部分的设计则更加精细，辙叉心与两根翼轨、两根护轨共同构建了轮对通过的关键区域。其中，辙叉有害空间作为潜在的风险点，需通过护轨的强制导向功能来确保车轮稳定行进，避免误入歧途导致脱轨。针对这一挑战，活动心轨道岔应运而生，它通过同步移动辙叉心轨与尖轨的创新设计，彻底消除了有害空间，为列车的高速通过提供了坚实保障。

在我国铁路系统中，广泛采用的活动心轨单开道岔不仅提升了列车的过岔速度，还因其卓越的行车平稳性和较少的直向速度限制，成为运量大、速度要求高的线路上的优选方案。这一创新设计不仅体现了我国铁路技术的不断进步，也为旅客提供了更加安全、舒适的出行体验。

连接部分由两根直轨和两根导曲线轨组成，它们将转辙部分和辙叉部分连接起来，形成一组完整的道岔。由于导曲线部分不设缓和曲线和外轨超高，列车通过道岔时如果速度过快，会产生较大的离心力，尤其是侧向通过时，车轮对尖轨、护轨和翼轨都有冲击。速度过快会导致冲击力增大，不仅会造成摇晃，使乘客感到不适，还可能威胁行车安全。因此，必须限制列车的过岔速度，以确保行车安全和乘客舒适。

2. 对称道岔

对称道岔由主线向两侧分为两条线路，道岔各部分均按辙叉角平分线对称排列，两条连接线路的曲线半径相同，且无直线和侧向之分，因此两侧线的运行条件相同。

除此之外，在车场等线路比较多的地方还会有三开道岔、菱形道岔、复式交分道岔等。

第四节　城市轨道交通车站与基地

一、城市轨道交通车站

（一）城市轨道交通车站的分类

车站在城市轨道交通系统中扮演着至关重要的角色，它不仅是列车停靠和乘客上下车的场所，还承担着折返、停车检修、临时待避和存放车辆等功能。为了满足这些需求，车站的设计和运营必须确保乘客的安全、快速和便捷进出，同时要全面、可靠和灵活地满足运营的各项要求。

车站的环境条件也非常重要，需要具备良好的通风、除湿、照明设施，以及有效的防灾、清洁卫生、减噪减震措施。这些条件不仅关系到乘客的舒适度和健康，也是车站正常运营和维护的基础。

此外，车站的内部装修应追求统一和谐，营造出一个令人愉悦的乘车环境。而外部建筑景观则需要与周围环境协调，成为城市景观的一部分，体现出城市文化和美学特色。

车站按不同的标准有不同的分类，下面介绍几种分类方法。

1. 按车站运营性质

车站根据其运营性质可分为不同类型，以满足城市轨道交通系统的不同需求。

终点站是位于线路两端的车站，它们主要负责列车的终点折返和始发作业。这些车站通常设有多个股道，用于乘客的乘降、列车的折返操作以及一些基本的检修工作。

中间站，也称为一般中间站，是城市轨道交通运营线上最常见的车站类型，它们仅供乘客上下车，功能相对单一。

中间折返站则位于城市轨道交通运营线上行车密度不同的交界处，它们配备折返设备，不仅可以供乘客乘降，还可以进行列车的小交路折返操作。这种车站的设置通常是为了应对某一方向较大的客流需求，以合理组织列车的开行。

换乘站是设在两条或两条以上轨道交通线交叉点的车站，它们的主要功能是实现不同线路之间的乘客换乘。换乘站由于乘客流量大，需要设置便捷的换乘通道，以方便乘客在不同线路间转换。

通勤站是设在车站与车辆基地联络线上的车站，主要供内部职工上下班通勤时使用。

每种类型的车站都有其特定的功能和设计要求，以确保城市轨道交通系统的高效运行和乘客的便利出行。

2. 按车站站台形式

按车站站台形式分类主要有岛式站台、侧式站台以及岛、侧混合式站台。

岛式站台，或称岛式车站，是一种站台位于上下行行车线路之间的设计。这种站台允许乘客在同一个平台上方便地换乘对向列车。

侧式站台，作为铁路与城市轨道交通中的一种常见布局形式，其鲜明特点在于站台分别设置于轨道线路的两侧，形成独立的上下行候车区域。根据具体设计，侧式站台可细化为平行相对式、平行错开式、上下重叠式及上下错开式等多种布局，每种布局均旨在优化空间利用与乘客体验。

侧式站台的核心优势在于其能够确保上下行乘客之间的完全隔离，避免了相互之间的干扰，同时简化了车站设计，因正线与站线间无须设置复杂的喇叭口结构，从而降低了建设成本并提升了改建的灵活性。然而，这一布局也伴随着一些挑战，如站台面积的有效利用率相对较低，客流难以在两侧站台间灵活调剂，乘客若需换向乘车，则需通过地道或天桥等额外设施，增加了换乘的复杂性。此外，侧式站台的管理可能更为分散，且相较于岛式站台，其站台空间往往显得较为局促。

鉴于上述特点，侧式站台通常更适用于那些两个方向客流量相对均衡或总体流量不大的车站，以及受限于地形或建设条件的高架车站。在这些场景下，侧式站台能够充分发挥其成本效益与乘客分流的优势。

而岛、侧混合式站台则是一种更为灵活多变的设计方案，它巧妙地将岛式站台与侧式站台结合于同一车站内。这种混合布局不仅支持了更加复杂的换乘需求与列车折返操作，还通过空间上的互补提升了整体运营效率。岛、侧混合式站台的设计充分考虑了乘客的多样化需求与车站的实际运营条件，是现代城市轨道交通系统中一种高效、实用的站台布局方式。

每种站台形式都有其独特的优势和局限性，选择合适的站台形式需根据车站的具体需求、客流量、换乘便利性以及建设成本等因素综合考虑。

3. 按车站规模

车站的规模通常根据其客流量的大小和所承担的功能来划分，主要分为一级站、二级站和三级站。

一级站是规模最大的车站类型，通常位于城市中心区域，如大型商贸中心、大型交通枢纽中心、大型集会广场、大型工业园区以及政治中心等重要地段。这些车站由于地处城市的核心位置，因此客流量非常大。

二级站的规模较一级站小，但客流量依然较大。它们通常位于商业区、中型交通枢纽中心、大型文体中心、大型公园及游乐场、较大的居住区和工业区等地段。这些车站在城市交通网络中扮演着重要的角色，服务于周边区域的居民和商业活动。

三级站则是规模较小的车站，客流量相对较少，多建于不太繁华的地段和郊区。这些车站主要服务于当地的居民出行，是城市轨道交通网络中的辅助节点。

除了这三个等级，对于客流量特别大或有特殊功能要求的车站，其规模等级可以被划分为特级站。车站的等级是决定车站设置相应机构和配备定员的基本依据之一，有助于确保车站满足不同客流量的需求，提供高效、有序的服务。

4. 按车站所处位置

按车站所处位置可分为地下车站、地面车站、高架车站。

（二）城市轨道交通车站的组成

城市轨道交通车站的构造精妙，其功能布局旨在融合乘客便捷性、舒适性与运营高效性、安全性于一体。车站主要由站厅、设备区及站台三大功能区构成，站厅内部精心划分为付费区与非付费区，以适应不同乘客群体的需求。

车站的建筑空间布局全面而细致，涵盖了车站主体、便捷的出入口及通道、必要的通风道与风亭（尤其针对地下车站），以及一系列附属建筑，共同构成了一个功能完善、运作流畅的交通节点。车站主体作为列车停靠与乘客上下车的核心，不仅承载着乘客的集散与候车功能，还集成了运营业务的处理与运营设备的配置。

从功能视角深入剖析，车站主体可细分为乘客使用空间与车站用房两大板块。乘客使用空间占据了车站总面积的半壁江山，囊括了站厅、站台、出入口、通道、售票与检票设施、信息咨询点、公共设施、零售点及垂直交通设施等，这些区域依据是否需付费通行，被智慧地划分为非付费区与付费区，非付费区面积往往基于高峰时段客流预测而设计，以确保空间充足。

车站用房则细致划分为运营管理用房、设备用房与辅助用房，每一类均承载着不可或缺的功能。运营管理用房是车站日常运营与管理的中枢，包括站长室、行车调度室、业务处理室、通信广播室等多个关键部门；设备用房则是保障列车顺畅运行、环境舒适及应急响应的坚实后盾，涵盖环控、电力、通信、信号、自动售检票等系统的核心设施；辅助用房则关注每一位工作人员的日常需求，提供了休息、更衣、餐饮等便利设施。

综上所述，城市轨道交通车站的设计体现了对乘客体验的极致追求与对运营管理的深刻理解，通过科学合理的空间规划与功能布局，实现了乘客便捷舒适与车站高效安全运营的双赢。

二、城市轨道交通车辆基地

（一）城市轨道交通车辆基地的功能

车辆基地，作为城市轨道交通系统的核心支撑，专注于车辆的综合管理、停放、维修与保养。其布局依据线路规模灵活调整，通常每条线路标配一个车辆段，但对于跨越 20 千米以上的长线路，增设停车场成为必要考量，以优化资源配置与运营效率。

车辆段，作为车辆基地的核心载体，巧妙融合了停车库、检修库及办公生活设施三大功能区。它被清晰地划分为检修区与运营区，前者专注于车辆的全面检修维护，后者则负责车辆的日常停放、列检及乘务调度。检修区内，各类检修作业有条不紊地进行，确保车辆性能始终处于最佳状态；而运营区，则是车辆休憩与准备出发的港湾，保障着列车服务的连续与顺畅。

停车场（库），其职能远不止于简单的车辆停放。它集成了整备、清洁、日常检查及驾驶员出乘前准备等多重功能，为此配备了完善的辅助设施，如运用车间、值班室、驾驶员待班室及列车信号检修用房等，构建起一个高效运转的后勤保障体系。尤为值得一提的是，鉴于列车价值不菲及其在地铁系统中的关键角色，停车场（库）均装备了先进的自动防灾报警系统，并与地铁消防网络紧密联动，为列车安全筑起铜墙铁壁。

检修库，则是车辆维护保养的专业殿堂。这里，列车的走行部、车体及车顶设备均接受细致入微的检查。检修库设计匠心独运，采用架空线路布局，中央开挖地沟，两侧则搭建起三层立体检修平台，形成全方位、多层次的检修网络。底层专为检查走行部及车体下部电气、制动等关键部件而设，顶层则专注于车顶受电弓、空调等设备的维护，各层之间通过安全栏杆相连，既保障了作业效率，又确保了人员安全。

列检所则利用列车的停放时间和场地，对车辆的重要部件进行例行技术检查，并对可能危害行车安全的一般故障进行重点修理。列检所通常位于停车场（库）或列车折返停留和准备场所的停车线旁。

车辆基地的这些组成部分共同确保了城市轨道交通车辆的正常运行、维护和安全，是城市轨道交通系统不可或缺的一部分。

1. 车辆段功能

车辆段在城市轨道交通系统中扮演着至关重要的角色，其主要功能包括：

车辆停放、清洁、列检：车辆段负责所属线路的车辆停放、清洁和列检工作，确保车辆在投入运营前处于良好状态。

车辆检查维修和临修：承担所在线路车辆的日常检查、维修和临时修理工作，保障车辆的运行安全。

车辆架修、大修：负责所属线路和通过多条联络线连接的其他线路的车辆架修和大修工作，延长车辆的使用寿命。

车辆部件检测、修理：进行车辆部件的检测和修理，满足车辆更换部件的需求，确保车辆性能的稳定。

车辆段不仅是车辆停放、维修与管理的核心，其强大的维修能力还赋予其地铁网络中车辆部件维修服务中心的角色，为全网车辆提供专业服务。同时，车辆段兼具综合检修基地的重任，作为确保线路各系统顺畅运行的关键枢纽与管理中枢，统筹沿线设施、车站建筑、供电、机电、通信信号、自动售检票、防灾报警及设备监控等系统的全面维护与检修工作。此外，它还负责材料设备的统筹管理，确保运营与检修物资的高效采购、储备与调配。这一系列综合功能共同构筑了城市轨道交通系统高效、安全、可靠运行的坚实基石。

2. 车辆段组成

车辆段是轨道交通系统中对列车进行停放、清洗、检查和维修的关键设施，主要由以下部分组成：

列车停放区：提供足够的场地以确保管辖线路的回段车辆能够安全停放。

车辆清洗区：设有专用的车辆清扫线和清洗设备。

检查和小修库：进行列车的日常检查和小修工作。

大修车间：包括架修库、定修库和月修库，用于列车的大规模维修。

机车库：存放和维护相关的机械设备。

车辆段的选址旨在确保列车能够安全、顺畅地接入正线运营，同时规避出入线路段坡度过大或过长带来的安全隐患。在检修车间内部，一系列专业设备一应俱全，包括桥式起重机、架车装置、车轮镟床、存轮设施、转向架及电机电气制动机维修车间，辅以清扫设备、喷漆车间，以及充足的车辆配件仓库，共同支撑起高效的车辆维护与检修作业。

运营管理模式下，车辆段内构建了一套完善的组织架构，运用车间作为核心，下辖乘务团队、运转值班室、信号控制楼、乘务员休息室及内燃轨道车班组，确保列车运营的有序进行。同时，设备维修车间专注于段内动力系统及通用设备的维护保养，保障基础设施的稳定运行。

此外，车辆段还整合了供电、通信信号、工务及站场建筑等多个领域的维修管理单位，形成了跨部门协同作业的综合维修体系。办公楼、培训设施、餐饮区及会议空间等辅助设施的配备，进一步提升了车辆段的整体运作效率与团队凝聚力。

在线路规划方面，车辆段精心布局了多元化的线路系统，以满足不同生产需求与任务范围。连接线路如出入段线，确保了车辆段与正线之间的无缝衔接；停放线路为列车提供了充足的停放空间；作业线路涵盖了列检、月检、定修、临修、架修等多种检修类型，确保检修工作全面覆盖；辅助作业线路如清洗、吹扫、油漆线等，专注于列车的外观维护与深度清洁；试验线路则专注于列车的静态与动态测试，保障列车性能达标；而辅助线路则涵盖了调机停放、材料装卸、救援列车等功能，为车辆段的日常运作与应急响应提供了坚实支撑。

综上所述，车辆段的科学选址与精心布局，加上完备的设施配备与高效的运营管理模式，共同构筑了城市轨道交通系统高效、安全运行的坚实基础。

（二）车辆段及停车场的布置

车辆段的布局通常分为贯通式和尽端式两种，各有其特点和适用场景。

贯通式车辆段由于在两端都可以进行列车的收发作业，因此具有较高的作业能力，每股道能够停放 3 列车。然而，贯通式车辆段也存在一定的不足，如占地面积较大，道路与车场线及出入线的交叉较多，这可能会给运营效率和安全性带来挑战。

相比之下，尽端式车辆段的作业能力相对较低，每股道通常只能停放 2 列车。不过，尽端式车辆段的优点在于道路与线路的交叉较少，这有助于简化交通组织和减少潜在的运营风险。

在设计车辆段时，应考虑以下几个关键点：

1. 确保收发车作业的顺畅性，并具备所需的作业能力。

2. 合理划分停车和检修区域，根据作业需求考虑停车和检修区域的位置分布，以便组织管理和提高效率。

3. 合理利用土地资源，城市轨道交通车辆段的设置应尽量避开市区，减少拆迁工作，并使各部分布局紧凑，以降低建设和运营成本。

对于轨道交通线路，通常设置一个车辆段来满足运营需求。但是，当线路全长超过 20 km 时，可以根据实际运营情况考虑增设一个停车场，以起到辅助作用。这个停车场将负责部分车辆的停放和列检工作，并具备处理一般故障的能力，从而提高整条线路的运营效率和灵活性。

第二章　城市轨道交通信号基础

第一节　继电器与信号机

一、继电器

（一）继电器的原理

继电器是一种常见的电气控制元件，尽管其类型众多，但基本结构都由电磁系统和接点系统两部分组成。电磁系统主要由线圈、铁芯和衔铁等组成，而接点系统则由动接点和静接点构成。

电磁继电器的工作原理真实模拟了电磁铁的基本运作机制。在继电器内部，当电流流经线圈时，一个磁场随之在铁芯与衔铁之间建立，这一磁场通过铁芯、衔铁、轭铁以及它们之间的微小气隙，构成了一个完整的磁回路。此磁场的生成是继电器工作的核心，它促使铁芯对衔铁产生强大的吸引力。

值得注意的是，这种吸引力的强度并非固定不变，而是直接依赖通过线圈的电流强度。随着电流的逐渐增强，铁芯对衔铁的吸引力也随之增大，直至达到一个临界点，此时吸引力足以克服衔铁因自重及其他可能存在的阻力而保持静止的状态，促使衔铁向铁芯方向移动。

一旦衔铁被成功吸引至铁芯，它不仅自身位置发生了变化，还联动着动接点一同动作。这一动作导致动接点与静接点（通常所说的"动合接点"或"前接点"）紧密接触，从而完成了电路的闭合，这一状态在继电器术语中被称为"励磁吸合"或"吸起状态"。简而言之，电磁继电器通过电流的调控，实现了对电路中接点状态的远程、非接触式控制。

当线圈中没有电流时，由于重力的作用，衔铁会被释放。这样，动接点会与动断接点（后接点）接通。继电器的这种动作特性使其具有开关功能，可以通过其接点的通断来控制电路，实现各种控制和指示功能。

因此，电磁继电器不仅可以作为简单的开关使用，还可以通过其接点的组合，构成复杂的控制电路，广泛应用于各种电气控制系统中。

（二）继电器的作用

继电器，凭借其独特的继电特性，在自动化与远程操控领域占据着举足轻重的地位。它们展现出的非凡能力，在于能够利用微弱的电信号来驾驭执行电路中功率庞大的负载，同时游刃有余地管理多个对象与回路，跨越距离限制实施精准控制。这些特性无疑为自动化进程与远程操作铺设了便捷之路，促使继电器在国民经济的广阔生产舞台，以及国防系统的自动化与远程监控网络中，成为不可或缺的关键角色，尤其在铁路信号系统中，其作用更是不可替代。

在铁路信号设备的设计与部署中，故障安全原则被视为圭臬，旨在确保系统遭遇任何形式的故障时，其输出仍能维持于安全状态，守护列车运行的安全底线。随着电子科技的迅猛飞跃，电子元件与计算机技术凭借速度优势、紧凑体积、海量存储与强大功能，已在诸多领域逐步替代了传统继电器，推动了自动化与远程控制系统技术的革新。

然而，继电器并未因此黯然失色，其在故障安全性能上的卓越表现，构成了其不可替代的价值所在。展望未来，继电器在铁路信号领域的应用前景依然广阔，其重要性不言而喻。特别是在复杂的计算机联锁系统中，尽管计算机担任着核心指挥的角色，但继电器电路作为连接系统核心与信号设备（如信号机、轨道电路、转辙机等）的桥梁，依然扮演着保障系统安全性与可靠性的关键角色。它们确保了信号传输的准确无误，为现代铁路信号系统的稳定运行筑起了坚实的防线。因此，继电器在现代铁路信号技术体系中，不仅是历史的传承，更是面向未来的重要基石。

（三）对继电器的技术要求

信号继电器在铁路信号系统中扮演着至关重要的角色，其安全性和可靠性是确保信号设备正常运作的关键。为了满足这些要求，信号设备对继电器提出了一系列严格的标准：

1. 动作的可靠性与准确性

继电器的动作必须非常可靠，每次操作都必须精确无误，确保信号传递的准确。

2. 很长的使用寿命

继电器需要有很长的使用寿命，以降低维护和更换的频率，降低长期运营成本。

3. 强大的电路接通和断开能力

继电器必须具备足够的能力来闭合和断开电路，即使是在高电流或高电压的条件下也能正常工作。

4. 稳定的电气特性和时间特性

继电器的电气特性（如接触电阻、线圈电阻等）和时间特性（如吸合和释放时间）需要保持稳定，以保证信号系统的一致性和预测性。

5. 良好的环境适应性

即使在周围介质温度和湿度变化较大的情况下，继电器也应保持高电气绝缘强度，确保在各种环境条件下都能稳定工作。

这些要求确保了信号继电器能够在铁路信号系统中提供持续、稳定且可靠的服务，从而保障列车运行的安全和效率。信号继电器的这些特性对于维护铁路运输的高标准至关重要。

（四）继电器的分类

信号继电器根据其特点和应用场景可以通过多种方式进行分类，主要包括以下几种分类方法：

信号继电器作为铁路信号系统中的关键组件，其多样性体现在多个维度的分类上，这些分类不仅展现了继电器的不同工作原理，也确保了其在各种应用场景下的高效与可靠运行。

按动作原理划分：信号继电器主要分为电磁继电器与感应继电器两大类。电磁继电器最为普遍，依赖于线圈中电流激发的磁场，工作原理为通过磁路气隙产生电磁力，吸引衔铁，进而驱动接点动作。而感应继电器则巧妙利用两个交变磁场间的相互作用，在翼板中感应出电流，生成的电磁力使翼板转动，实现控制功能。

按电源类型与动作原理结合分类：直流继电器与交流继电器依据所使用电源类型的不同而区分。直流继电器采用直流电源，并根据电流极性的不同进一步细分为无极、偏极和有极继电器。交流继电器则使用交流电源，并同样可根据其动作原理细分为电磁式和感应式。

按输入量的物理特性分类：电流继电器与电压继电器分别响应电路中电流与电压的变化。电流继电器串联于电路中，如与电动机绕组或信号灯泡等元件串联，直接反映电流状态。电压继电器则通过独立的线圈励磁电路，对电压变化做出响应。

按动作速度区分：正常动作继电器以其极快的响应速度（衔铁动作时间为 $0.1\sim0.3$ 秒）占据了信号继电器市场的主导地位。而缓动继电器，包括缓吸与缓放两种类型，通过不同的机制（如延时电路、软件控制或短路铜环产生的磁通）实现超过 0.3 秒的动作时间，适用于需要精确控制动作时机的场景。

按接点结构特性分类：普通接点继电器与加强接点继电器根据接点开断功率的不同而划分。普通接点继电器适用于一般信号电路，接点开断功率较小。而加强接点继电器则专为高电压、大电流电路设计，接点开断功率显著提升，确保在极端条件下的可靠运行。

这些细致的分类不仅体现了信号继电器的技术深度与广度，也彰显了其在保障铁路信号系统安全、高效运行中的不可或缺性。通过合理选择与应用各类继电器，铁路信号系统得以实现精准的信号传递与系统稳定。

（五）安全型继电器

1. 直流无极继电器

（1）结构

直流无极继电器，作为电磁继电器家族中的一员，其核心动力源自直流电源，其精密的结构设计确保了高效且可靠的电气控制功能。该继电器主要由两大核心组件构成：直流电磁系统与接点系统，二者协同工作，共同实现信号的精确传输与设备的远程操控。

直流电磁系统，作为继电器的动力源泉，巧妙融合了线圈、铁芯、轭铁与衔铁等关键元件。当直流电流流经线圈，一个强大的磁场随之诞生，这个磁场如同无形的牵引力，紧紧吸引着衔铁，使其紧密贴合铁芯。反之，一旦电流中断，磁场消散，衔铁则借助自然重力，缓缓回归原位，实现了从吸合到释放的无缝转换。

接点系统是继电器与外界设备沟通的桥梁，它由拉杆与接点组精妙构建而成。接点组内，静止的前接点、后接点与随拉杆联动的动接点相互配合，通过它们的接触与分离，清晰地反映了继电器的工作状态。直流无极继电器通常精心配置了8组接点，这些接点虽各自独立绝缘，但在动作时却高度同步，确保了继电器在各种复杂工况下都能维持其卓越的可靠性和稳定性，为控制其他设备的精准操作提供了坚实保障。

（2）工作原理

直流无极继电器的工作原理深植于电磁学的精髓之中，其运作机制巧妙地利用了电磁效应。具体而言，当直流电流被引入继电器的线圈时，一场磁力的舞蹈随之展开：电流激发磁通，磁通穿梭于铁芯、轭铁、衔铁以及它们之间微妙的气隙之中，构筑起一个闭环的磁路系统。这一过程中，铁芯对衔铁施展强大的吸引力，仿佛无形的绳索，紧紧牵引着衔铁。

随着吸引力的逐渐增强，一个临界点被触及——这股力量超越了重锤片、拉杆等部件所施加的重力束缚，衔铁不再静止，而是顺从地被吸向铁芯的方向。这一动作并非孤立，它如同多米诺骨牌的第一张，引发了连锁反应：衔铁的运动带动了拉杆，拉杆进而推动了动接点，使其完成了向上的跃迁，与前接点紧密相连，形成一条导电通路。此刻，继电器进入了励磁状态，业界亦称之为吸起状态，标志着电路已被激活，准备执行后续的控制任务。

然而，当线圈中的电流逐渐减弱乃至完全消失时，磁路中的磁通量亦随之萎缩，如同退潮的海水，带走了曾经的磁力盛宴。铁芯对衔铁的吸引力骤减，重力的枷锁重新占据上风。衔铁，这位曾经的舞者，失去了磁力的牵引，缓缓释放，回归原位。这一释放动作再次触发了接点系统的连锁反应：动接点与前接点的亲密联系被打破，转而与后接点携手，电路路径发生变更。此时，继电器步入了失磁状态，或称落下状态，标志着电路的当前阶段任务已完成，等待下一次的激活。

通过这一吸合与释放的循环，直流无极继电器以其独特的工作原理，在电路中扮演着至关重要的角色，确保信号的准确传输与设备的精确控制。

直流无极继电器的特点是其使用的电源是直流电，而且继电器的动作与通入线圈的电流方向无关。因此，这种继电器被称为无极继电器。这种设计使得直流无极继电器在各种应用中都能提供稳定可靠的操作。

2. 整流式继电器

整流式继电器，作为专为交流电路量身定制的信号控制装置，其在电磁系统的构建、接点系统的布局以及基础动作逻辑上，均承袭了直流无极继电器的经典设计，展现了技术传承的连续性。然而，其创新之处，在于巧妙融入了整流电路，这一设计亮点彻底改变了电源供给方式，通过由四根二极管精心搭建的桥式整流电路，将原本的交流电能转化为平稳的直流电能，再供给继电器线圈使用，实现了对交流电路的直接适配与高效控制。

安全型整流式继电器，凭借其在实际铁路信号电路中的广泛应用与长期考验，不仅验证了其在复杂环境下的高可靠性，还展现了卓越的性能稳定性，已成为中国铁路信号系统中不可或缺的基础构件，为列车的安全运行保驾护航。

在接点系统层面，整流式继电器与直流无极继电器保持了高度的结构相似性，零部件间的通用性为用户带来了维护便利，降低了备件成本。两者之间的显著差异，主要体现在接点编号的不同上，这反映了不同应用场景下的细微需求差异。

谈及动作原理，整流式继电器与直流无极继电器虽异曲同工，但前者因将整流后的交流电源作为动力源，线圈内流过的实为脉动直流电，这一特性使得电磁吸引力呈现出一定的脉动性，可能伴随工作噪声的产生，对继电器的静谧运行构成轻微挑战。然而，这一微小不足并未影响其在铁路信号系统中的广泛应用，反而激发了工程师对优化电磁设计、减少噪声干扰的持续探索与改进。

尽管存在这些潜在的不利影响，整流式继电器依然因其适应性强和性能稳定而在铁路信号领域得到广泛应用。

二、信号机

（一）信号的含义

信号系统在铁路运输中扮演着至关重要的角色，它通过听觉信号和视觉信号两种形式来传达列车运行所需的信息。

听觉信号，又叫音响信号，是一类依托声音特性（如强度、频率及持续时长）来传达特定指令或状态信息的手段，实例涵盖号角鸣响、口笛声以及机车刺耳的鸣笛或是响墩发出的独特声响。这些声音信号在铁路、航运及多种工业场合中扮演着至关重要的通信角色。

相较于听觉信号，视觉信号则是以色彩、形状、位置布局、显示元素的数量以及灯光状态等视觉元素为核心，构建了一套丰富多样的信息传递体系。视觉信号家族庞大，包括但不限于信号旗的挥舞、信号灯的光影变幻、信号牌的明确指示、信号机的精准调度、信号表示器的即时反馈，以及沿线路分布的各类信号标志。根据信号设置是否固定，视觉信号进一步细化为手信号、移动信号与固定信号三大类别：手信号，灵活利用手持信号旗或信号灯进行即时沟通；移动信号，是那些临时布置于地面，便于移动调整，如施工防护所用的红黄警示牌；固定信号，稳稳扎根于特定位置，如地面信号机、司机室内的机车信号等，为列车运行提供持续可靠的导向。

在维护职责划分上，电务部门肩负着固定信号系统维护的重任，这既涵盖了地面安装的固定信号设备，也包括了机车内部用于指示前方路况的机车信号系统，确保了这些关键设施始终处于最佳工作状态。至于其他类型的信号设备，则遵循"谁使用，谁维护"的原则，由相应的使用部门负责日常的运营维护。在日常语境中，提及"信号"一词，人们往往默认指的是固定信号，其作为铁路运输组织与安全保障的核心要素，将在后续内容中得到详尽阐述。

（二）禁止信号和进行信号

在我国铁路运输系统中，根据运营要求，视觉信号主要分为三种基本类型：要求停车的信号、要求注意或减速运行的信号以及准许按规定速度运行的信号。其中，要求停车的信号也被称作禁止信号或停车信号，而要求注意或减速运行的信号和准许按规定速度运行的信号则统称为进行信号。

铁路视觉信号系统采用的基本颜色包括红色、黄色和绿色，各自具有明确的基本意义：红色信号指示列车必须停车，是停车信号；黄色信号提醒列车驾驶员注意前方路况或需要减速运行，是注意或减速信号；绿色信号则表示列车可以在规定的速度下安全行驶，是按规定速度运行的信号。这些颜色的标准化使用，为列车驾驶员提供了清晰的视觉指示，确保了铁路运输的安全性和流畅性。

（三）固定信号的分类

1. 按设置部位分类

固定信号设备，根据其设置位置的不同，可以明确区分为地面信号与机车信号两大类。

地面信号，作为铁路信号系统的基石，被精心安置于车站内或线路区间的固定位置。这些信号机或信号表示器如同忠诚的守护者，确保站内进路的安全、区间闭塞分区的有效管理，以及道口的顺畅通行。它们通过直观的视觉指示，为列车运行提供关键的安全保障。

而机车信号，则是现代铁路信号技术进步的象征，被巧妙地集成于机车驾驶室内。这一创新设计使得司机能够直接在驾驶舱内接收到地面信号的实时显示，极大地提升了行车的便捷性与安全性。随着技术的不断迭代升级，机车信号正逐步成为铁路信号系统中的核心组成部分，引领着列车运行控制向更加智能化、自动化的方向迈进。

2. 按信号机的构造分类

按信号机的构造分类，固定信号机可分为色灯信号机和臂板信号机。

（1）色灯信号机

色灯信号机，作为铁路信号系统中的重要组成部分，凭借其灯光颜色、数量及亮灯状态的巧妙组合，精准传达信号指令。这一设备不仅实现了昼夜显示的一致性，确保了信息的全天候清晰可读，还因其紧凑的设计而有效节省了空间资源。然而，值得注意的是，色灯信号机的稳定运行依赖于稳定的交流电源供应。

根据构造的不同，色灯信号机可细分为以下几种类型，每种类型均以其独特优势适应着不同的铁路运输需求：

透镜式色灯信号机：该类型信号机巧妙地将凸透镜组作为光线汇聚的工具，结合无色的外透镜与有色的内透镜，实现了信号颜色的精准显示。每个灯位固定对应一种颜色，通过多个灯位的组合，展现出丰富的信号含义。透镜式信号机以其结构简单、维护便捷的特点，在铁路信号系统中得到了广泛应用。然而，光通量利用不充分以及在曲线段信号显示连续性欠佳，是其有待改进之处。

组合式色灯信号机：针对透镜式信号机的局限性，组合式色灯信号机应运而生。它采用反射镜、滤色片及非球面镜等先进光学元件，对信号灯发出的光线进行精细处理，确保信号在复杂线路条件下仍能保持连续、清晰的显示。其模块化设计允许根据实际需求灵活组合不同颜色的灯位单元，为信号系统的升级换代提供了便利。

LED 式色灯信号机：作为信号机技术的新星，LED 式色灯信号机采用发光二极管（LED）作为光源，彻底摒弃了传统的白炽灯泡与透镜组，实现了信号显示的革命性飞跃。LED 式色灯信号机不仅显示距离远、使用寿命长，还具备高能效、低维护成本的优势，其铝合金机构设计更增添了几分坚固与美观。LED 式色灯信号机的出现，标志着铁路信号系统向更加节能环保、高效可靠的方向迈进。

综上所述，这些多样化的色灯信号机类型，以其各自独特的优势，为铁路运输提供了全面、高效的信号显示解决方案，有力推动了铁路信号系统可靠性与效率的提升。

（2）臂板信号机

臂板信号机的操作需要机械装置，可以是人工手动开放，也可以通过电动机驱动自动开放，后者通常被称为电动臂板信号机。然而，臂板信号机存在一些显著的缺陷，例如难以实现自动化，这使得它们无法融入现代铁路信号系统中。正因为这些局限性，臂板信号机及其配套的臂板电锁器联锁设备正在逐步被淘汰，被更先进的信号技术所取代。尽管如此，臂板信号机在过去的铁路运营中发挥了重要作用，并且是铁路信号发展史上的一个重要阶段。

3. 按用途分类

固定信号机在铁路系统中扮演着至关重要的角色，根据其用途可以分为两大类：信号机和信号表示器。

信号机是用于表达固定信号显示的设备，它们的主要功能是防护站内进路、区间和危险地点，具有严格的安全防护意义。根据其防护用途的不同，信号机可以进一步细分为多种类型，包括进站信号机、出站信号机、进路信号机、调车信号机、驼峰信号机、遮断信号机、预告信号机、复示信号机等。此外，还有专门设置在铁路与道路平面交叉处的道口信号机，用以提高道口的安全性。

总的来说，固定信号机和信号表示器共同构成了铁路信号系统的基础，确保了列车运行的有序性和安全性。

4. 按地位分类

固定信号机在铁路信号系统中的地位和功能不同，可以分为主体信号机和从属信号机两种类型。

主体信号机是具备独立显示信号能力的信号机，它们能够直接指示列车或调车车列的运行条件。这类信号机包括进站信号机、出站信号机、进路信号机、通过信号机、驼峰信号机、调车信号机等，它们在铁路运输中发挥着核心作用，为列车运行提供基本的指令和信息。

相对而言，从属信号机则不能独立存在，它们必须依附于某种主体信号机才能发挥作用。从属信号机的主要作用是辅助主体信号机，提供预告、复示或其他辅助信息。例如，预告信号机通常从属于进站信号机、所间区间的通过信号机和遮断信号机，用以提前告知列车驾驶员即将到来的信号条件。复示信号机则从属于进站、进路、出站、驼峰和调车等信号机，以重申或加强主体信号机的显示，确保信号的清晰和准确。

5. 按停车信号的显示意义分类

固定信号机在铁路信号系统中扮演着至关重要的角色，根据其停车信号的显示意义，可以明确区分为绝对信号与非绝对信号（亦称"容许信号"）两大类。

绝对信号：此类信号对于列车或调车车列而言，具有绝对的约束力。当绝对信号显示停止运行时，所有列车及调车作业必须无条件遵从，立即停车，不得有任何例外。在铁路站内的信号机中，禁止信号（如红灯）均属于绝对信号的范畴，它们以明确无误的方式指示列车不得前行。值得注意的是，尽管调车信号对调车作业具有指导意义，但它们并不对列车构成停车信号；同样，禁止信号对于非其直接控制的列车而言，也不构成停车指令。

非绝对信号（容许信号）：体现了在特定条件下的灵活性。当列车信号机显示红灯、显示状态不明确或灯光熄灭时，非绝对信号允许列车以受限的速度通过该区域，但前提是列车驾驶员必须保持高度警惕，随时准备停车。例如，在自动闭塞区间，若通过信号机亮起红灯要求停车，列车必须严格遵守并在信号机前停车。此时，驾驶员需通过列车无线调度电话与运转车长沟通确认；若因特殊情况（如货物列车取消守车后无运转车长）无法直接联系，驾驶员应鸣笛一长声以警示，并停车等待 2 分钟。若 2 分钟后信号机仍未显示允许通行的信号，列车应以能够确保随时停车的速度继续前行，且最高速度不得超过 20 km/h。在接近下一个通过信号机时，列车需根据其显示状态采取相应操作，确保行车安全。

通过上述分类与解释，我们可以清晰地理解固定信号机在铁路行车指挥中的重要作用，以及不同类型信号对列车运行的不同影响与要求。

这种分类确保了铁路运输在不同情况下的灵活性和安全性，允许列车在特定条件下继续运行，同时要求司机保持高度警觉，确保能够迅速对突发情况做出响应。

6. 按安装方式分类

固定信号机，作为铁路信号系统的核心组成部分，其安装方式的多样性确保了信号传递的灵活性与适应性。根据安装方式的差异，固定信号机可细分为高柱信号机、矮型信号机、特殊环境适用型信号机，以及信号托架与信号桥等几大类。

高柱信号机：此类信号机傲然矗立于高大的信号机柱之上，专为需要远距离清晰显示信号的场景设计。其显著优势在于提供了广阔的视野范围和明确的观察点，对于提升铁路运输的安全性与效率具有不可估量的价值。因此，在进站、正线出站、接车进路、通过、预告、驼峰作业等关键区域，高柱信号机成了不可或缺的标配。

矮型信号机：相较于高柱信号机的雄伟身姿，矮型信号机则显得更为低调，它们巧妙地安装于建筑限界下方的特定基础上。当空间条件有限，或信号显示距离要求不那么严苛时（如站线出站、发车进路信号机及常规调车作业中），矮型信号机便大显身手。此外，在特定地形或特殊运营需求下，如进站信号机、桥梁隧道内的预告及通过信号机，以及双线双向自动闭塞区段的反方向进站信号机，经铁路局审慎评估后，矮型信号机同样可获准应用。

特殊环境适用型信号机：针对极端或特殊的地形条件，铁路部门设计了一系列特殊环境适用型信号机。这些信号机不仅继承了矮型信号机的紧凑布局优势，还经过特殊强化以适应桥梁、隧道等特殊环境，确保信号传递的连续性与稳定性。

信号托架与信号桥：当传统信号机柱的安装因建筑限界等因素受限时，信号托架与信号桥便成了创新的解决方案。信号托架以其独特的托臂结构，而信号桥则以其稳固的桥形设计，共同为信号机提供了可靠的支撑平台，确保信号在复杂环境下的清晰显示，进一步拓宽了信号系统的应用范围。

（四）透镜式色灯信号机

1. 透镜式色灯信号机的类型

透镜式色灯信号机，依据其独特的安装方式，细分为高柱型与矮型两大类，各自适用于不同的铁路环境。高柱型透镜式色灯信号机巍然矗立于钢筋混凝土铸就的坚实机柱之上，其结构精妙，包含机柱、机械机构、托架与梯子四大核心组件。机柱不仅是稳固的支撑，还巧妙集成了梯子，便于维修人员攀登作业；机械机构内，每个灯位均精心配置了透镜组与独立灯泡，确保信号显示的准确无误；托架则如忠诚的守护者，上托下承，将机械机构紧紧固定于机柱之上。

反观矮型透镜式色灯信号机，其设计更为紧凑实用，直接通过螺栓稳固安装于水泥基础之上，无须额外的托架支撑，亦省去了梯子的配置，安装维护更为便捷高效。

不论是高柱型还是矮型，透镜式色灯信号机均可灵活配置为单机构或双机构形式，以应对多样化的信号显示需求。单机构设计简洁明了，能够支持二显示、三显示或单显示的信号配置；而双机构则更为强大，能够构建出四显示乃至五显示的复杂信号系统。此外，根据具体应用场景，这些信号机还可选装引导信号机构、容许信号机构或进路表示器等附加设备，进一步提升信号系统的功能与灵活性，确保铁路运输的安全与顺畅。

2. 透镜式色灯信号机的机构

透镜式色灯信号机，作为铁路信号系统中不可或缺的一环，其精妙设计确保了信号传递的准确与高效。该信号机的核心部件之一为灯泡，采用的是直丝双丝铁路专用信号灯泡，其稳定的光芒为信号显示提供了坚实的基础。与之紧密配合的是定焦盘式灯座，这一设计巧思在于，一旦透镜组的焦点调整完毕，灯座即可固定，从而简化了灯泡更换流程，无须重复焦距调整。

透镜组，作为信号机视觉呈现的关键，被精心安置于镜架框上，由内外两层带棱的凸透镜巧妙组合而成。内层为有色带棱的外凸透镜，色彩丰富多样，涵盖红色、黄色、绿色、蓝色、月白色及无色等六种，外层则为无色带棱内凸透镜，二者协同作用，有效放大了信号灯光的视觉效果。

此外，为进一步优化信号显示效果，透镜式色灯信号机特别配备了黑色背板。这一设计不仅为信号灯提供了深邃的背景，有效突出了灯光的亮度，还极大地改善了观察条件，使信号在各类光照环境下均能清晰可辨。值得注意的是，背板的应用并非一概而论，仅高柱信号机标配此设计，且根据信号机类型的不同，背板形状亦有所区分：一般信号机采用圆形背板，而复示信号机、遮断信号机及其预告信号机、容许信号等则选用方形背板，以此作为信号机身份的独特标识。

综上所述，透镜式色灯信号机通过灯泡、灯座、透镜组及背板等关键部件的精密配合，实现了在各种复杂环境下的信号清晰显示，为铁路工作人员提供了准确可靠的信号指示，保障了铁路运输的安全与顺畅。

3. 透镜式色灯信号机构的分类

透镜式色灯信号机，依据其安装形式，明确划分为高柱型与矮型两大类别，而每一类别下的信号机构则进一步细化为二显示与三显示两种结构，以满足多样化的信号传递需求。二显示机构，以其简洁高效著称，配备双灯室设计，每个灯室均集成了透镜组、灯座、灯泡与遮檐等关键元件，灯座间巧妙设置隔板，有效杜绝了灯室间的光线干扰，确保了信号显示的准确无误。三显示机构则更为丰富，增设至三灯室，提供了更为复杂的信号指示能力。

在构造上，无论是二显示还是三显示机构，均共享一个背板，这一设计不仅增强了信号的整体视觉效果，还显著提升了信号的可见度与清晰度，为铁路工作人员提供了更加直观、可靠的信号参考。

此外，针对特定的信号显示场景，透镜式色灯信号机还提供了多种特殊类型的信号机构选项，包括但不限于单显示的复示信号机构、灯列式进站复示信号机构、遮断信号及其预告信号机构，以及引导信号机构和容许信号机构等。这些机构根据具体需求灵活配置，通过精确安装各灯位的有色内透镜，并遵循既定的灯光配列规则，实现了信号颜色的准确无误显示，为铁路运输的安全与高效运行提供了坚实保障。

色灯信号机使用的是铁路专用的直丝信号灯泡，与定焦盘式灯座配套使用，同时配备有点灯和灯丝转换装置，以确保信号机的稳定运行和维护简便。这些设计共同确保了铁路信号系统的可靠性和安全性。

第二节　转辙机

一、转辙机概述

（一）道岔的组成

1. 道岔结构

道岔有两根可以移动的尖轨，尖轨的外侧是两根固定的基本轨。

2. 道岔的定位和反位

道岔是铁路轨道中的一个重要组成部分，它通过两根可以移动的尖轨来实现轨道方向的改变。在正常状态下，总有一根尖轨与基本轨紧密贴合，而另一根尖轨则与基本轨分离。通过改变两根尖轨的位置，可以实现道岔的两种不同状态：原本密贴的尖轨分离，原本分离的尖轨则密贴，从而允许列车从一条轨道转向另一条轨道。

在铁路运营中，道岔通常处于一个固定位置，即定位，而根据列车运行的需要，可以临时改变道岔的位置到另一种状态，即反位。为了实现道岔位置的改变，尖轨处安装有专门的道岔转辙设备，也就是转辙机。

尖轨与基本轨之间的密贴程度对于铁路运营的安全至关重要。一旦发现尖轨与基本轨间存在间隙，且此间隙超出允许的最大限度（通常为4毫米），列车在通过道岔时的风险将显著增加。这种风险可能包括轮缘碰撞尖轨、挤入间隙，甚至导致列车发生颠覆或脱轨事故，后果极为严重。

为了保障行车安全，对于尖轨与基本轨的密贴度有严格的规范要求。具体而言，标准规定了尖轨和基本轨在闭合位置的密贴间隙必须符合一定条件，通常不超过4毫米。这一标准是基于对轨道结构稳定性和行车安全性的综合考量而设定的。

确保尖轨与基本轨的密贴度在安全范围内，不仅关系到单个道岔设备的正常工作，更直接影响到整个铁路网络的运行安全与效率。通过定期的检查、维护与调整，可以有效预防因道岔问题引起的行车事故，保障铁路运输的安全平稳。

3. 单动道岔和双动道岔

道岔根据操作方式的不同，分为单动道岔和双动道岔。单动道岔是指按压道岔动作按钮时，只能使一组道岔进行转换的道岔。而双动道岔，有时也称为联动道岔，能够通过一个按钮的操作，实现两组道岔的同时或顺序转换。

转辙机是控制道岔尖轨动作的关键信号设备，其主要功能包括转换道岔、锁闭道岔以及反映道岔的位置和状态。转辙机不仅包括转辙机本身，还涵盖了锁闭装置、各类杆件以及安装装置，这些组件共同协作完成道岔尖轨的转换和锁闭工作。

在城市轨道交通中，大部分线路采用电动转辙机。近年来，随着技术的发展，电液转辙机和交流转辙机也在一些线路上得到应用。特别是在正线上，12号道岔通常采用双转辙机牵引，以提供更大的转换力，而9号道岔则继续使用单转辙机牵引。

转辙机的传动机构起着至关重要的作用，它负责将电动机的高速旋转运动转换为动作杆的低速直线运动，进而带动道岔尖轨的移动。同时，传动机构还承担着带动尖轨锁闭的任务，确保道岔在转换后能够稳定地保持在所需的位置。这些特性使得转辙机成为铁路信号系统中不可或缺的组成部分，对确保列车安全、高效运行发挥着重要作用。

（二）转辙机的作用

转辙机在铁路信号系统中扮演着关键角色，其作用主要包括以下几个方面：

1. 转换道岔位置

转辙机能够根据列车运行的需要，将道岔从定位转换到反位，或者从反位转换到定位，以实现列车的轨道转向。

2. 锁闭道岔

当道岔转换到所需位置并与基本轨密贴后，转辙机能够实现道岔的锁闭，防止因列车通过或其他外力导致的道岔位置变动。

3. 反映道岔位置

转辙机能够准确反映道岔的实际位置状态。一旦道岔尖轨与基本轨密贴，转辙机会给出相应的位置表示，确保信号系统能够正确地显示道岔状态。

4. 报警与表示

如果道岔因为被挤或其他原因处于"四开"状态，即两侧尖轨都不与基本轨密贴，转辙机会及时发出报警信号，并在信号系统中给出相应的表示，以提示铁路工作人员采取措施。

这些功能确保了铁路道岔的安全、准确和可靠操作，对于维护铁路运输的安全性和高效性至关重要。

（三）对转辙机的基本要求

转辙机作为铁路信号系统中的关键设备，需要满足以下基本要求：

1. 转换功能

转辙机必须具备足够的拉力来带动尖轨进行直线往返运动，确保道岔能够顺利转换到预定位置。如果尖轨在运动过程中遇到阻碍，转辙机应能通过操作使尖轨安全返回原始位置。

2. 锁闭功能

转辙机在锁闭道岔时，必须确保只有在尖轨与基本轨密贴的情况下才能进行锁闭。锁闭后，即使列车通过道岔产生震动，也应保证不会错误地解锁，以避免道岔位置的意外变动。

3. 监督功能

转辙机应具备监督道岔状态的能力，能够准确地反映道岔的当前位置和状态，为铁路信号系统提供准确的信息。

4. 安全保护

当道岔因外力作用发生挤压或处于"四开"状态时，转辙机应确保在问题未得到修复之前，不会再次进行道岔的转换操作，以防止进一步损坏或事故发生。

这些要求确保了转辙机在铁路运输中的可靠性和安全性，对维护列车运行的顺畅和保障行车安全发挥着重要作用。

（四）转辙机的分类

转辙机根据传动方式、供电电源种类、锁闭道岔方式以及是否具备挤岔保护等不同标准进行分类，具体如下：

1. 传动方式

转辙机按照动力传输的不同，主要分为电动转辙机与电动液压转辙机。电动转辙机依靠电机通过机械结构驱动，常见型号如 ZD6 系列与 S700K 型。电动液压转辙机则是通过液压系统实现道岔转换，如电液转辙机。

2. 供电电源种类

根据供电形式，转辙机可分为直流转辙机和交流转辙机。直流转辙机使用直流电源，如 ZD6 系列采用直流 220 V 供电，但存在换向器与电刷磨损较快的问题。相比之下，交流转辙机，比如 S700K 与 ZYJ 系列，利用三相或单相交流电源驱动感应电动机，这种设计降低了机械磨损率，提升了系统的稳定性与可靠性。

3. 锁闭道岔方式

锁闭道岔的方式有两种：内锁闭与外锁闭。内锁闭转辙机通过内部锁闭机构保持道岔稳定，如 ZD6 系列，但其抗冲击能力相对较弱。外锁闭转辙机则采用外部锁闭装置，直接确保道岔安全锁定，如 S700K 与 ZYJ7 系列，能提供更高的安全性能，减少列车运行对转辙机的冲击影响。

4. 是否具备挤岔保护

转辙机根据其配置是否包含防挤保护装置，可以分为可挤型与不可挤型。可挤型转辙机装备了专门的挤岔保护设施，能够在道岔受力过大时自动释放，避免整个转辙机受损。不可挤型转辙机在遇到过大的挤压力时，可能损伤转辙机关键部件，需要整体更换。

不同类型的转辙机依据其转换力与动程的要求，适用于不同的应用场景，旨在确保铁路线路安全、高效地进行道岔转换操作。

（五）转辙机的设置

城市轨道交通系统中，为了确保列车的安全运行与高效调度，对道岔的选择和使用有着严格的标准。一般来说，在正线运营的部分，考虑到列车通行速度和稳定性，通常会采用 9 号道岔；而在车辆段或者停车场等辅助线路上，由于速度要求不高且主要服务于列车的停放与检修，因此一般采用 7 号道岔。此外，对于正线上的高速运行需求，有时也会采用 12 号 AT（弹性可弯）道岔来提高通过能力和行车安全。这种类型的道岔因其结构复杂性，需要两点牵引，这意味着一组 12 号 AT 道岔需要配备两台转辙机来进行精准控制。这样的设计能够有效提升城市轨道交通系统的整体效率和服务水平。

二、ZD6 系列电动转辙机

（一）ZD6A 型电动转辙机的结构

ZD6A 型电动转辙机主要由电动机、减速器、摩擦联结器、主轴、动作杆、表示杆、自动开闭器、移位接触器、安全接点（或遮断接点）、壳体等组成。

（二）ZD6A 型电动转辙机的主要部件及作用

电动转辙机是铁路或城市轨道交通系统中控制道岔转换的关键设备，其高效稳定的工作确保了轨道线路的正常运行和安全。以下是对 ZD6A 型电动转辙机主要组成部分及其功能的概述：

1. 电动机

电动转辙机的核心动力源，采用直流串激电动机，通过电流转换为机械力，为道岔的转换提供足够的驱动力。

2. 减速器

由第一级齿轮和第二级行星传动式减速器组成，显著降低电动机的高速转动速度，提高扭矩输出，以适应道岔转换所需的低速大扭矩工作环境。

3. 摩擦联结器

通过弹簧和摩擦制动板的结合，位于输出轴与主轴之间，起到过载保护作用。当尖轨遇到阻力时，摩擦联结器可以滑动，避免因过载而损坏设备。

4. 主轴

由输出轴驱动旋转，通过启动片驱动，其上装有锁闭齿轮。锁闭齿轮与齿条块相配合，将旋转运动转化为直线运动，带动动作杆移动道岔尖轨，并实现锁闭功能。

5. 动作杆

通过与齿条块和挤切销的连接，正常情况下随齿条块移动，执行道岔转换任务。在发生挤岔时，挤切销断裂，动作杆与齿条块脱离，保护设备不被损坏。

6. 表示杆

由前、后表示杆和两个检查块构成，用于显示尖轨的位置。当尖轨达到正确位置并锁闭时，自动开闭器的检查柱会落入表示杆的缺口内，接通道岔表示电路。若出现挤岔情况，则表示杆会移动，顶起检查柱，断开电路。

7. 自动开闭器

由一系列组件组成，包括静接点、动接点、速动片、速动爪和检查柱等，用于实时监测尖轨位置状态，指示道岔的状态。

8. 移位接触器

监测挤切销的状态，一旦发生挤岔或挤切销断裂，立即断开道岔表示电路，防止电路持续工作导致故障。

9. 安全接点（或遮断接点）

在正常操作状态下保持闭合，确保转辙机动作电路的接通；在进行维护时断开，以保障维护人员的安全。

10. 壳体

由底壳和机盖组成，固定所有转辙机部件，提供防尘防水保护，确保设备稳定运行。底壳上的特殊窗口便于装配和拆卸，机盖内的盘根槽则安装密封垫圈，增强密封性能。

电动转辙机的这些组成部分协同工作，共同保证了道岔转换的准确性和安全性，是铁路和城市轨道交通系统中不可或缺的重要设备。

三、S700K 型电动转辙机

（一）S700K 型电动转辙机的结构

1. 外壳

外壳主要由铸铁底壳、机盖、动作杆套筒、导向套筒和导向法兰等组成。

2. 动力传动机构

动力传动机构是 S700K 型电动转辙机的核心部分，它负责将电动机产生的动力转化为道岔转换所需的机械力。该机构主要包括三相交流电动机、齿轮组、摩擦联结器、滚珠丝杠和保持连接器等关键组件。

三相交流电动机：作为 S700K 型电动转辙机的主要动力来源，三相交流电动机能够提供稳定的动力输出，以满足道岔转换的需求。

齿轮组：齿轮组的作用是将电动机的高转速降低至适合道岔转换的速度，并在此过程中增加扭矩，以便更有效地驱动道岔。这一过程通过一系列齿轮间的啮合来实现。

摩擦联结器：摩擦联结器连接齿轮组与滚珠丝杠，负责传递经过减速后的旋转力。当滚珠丝杠所承受的外力超过设定的摩擦力时，摩擦联结器中的主被动摩擦片会相对打滑，从而避免了电动机或其他部件因过载而损坏。对于交流转辙机，摩擦力的调整通常需要专业人员使用专用工具来进行，因为动作电流并不能直接反映摩擦力的大小。

滚珠丝杠是一种高效能的直线运动转换装置，它的设计灵感源自普通的螺栓与螺母组合，但在实际应用中有着显著的区别。一个典型的滚珠丝杠组件，如 32 mm 直径型号，具备将旋转运动高效转换为线性位移的能力。这意味着，通过电动机的驱动，滚珠丝杠在正向或反向旋转时，与其配合的螺母能够精确地沿着丝杠轴向前进或后退，每一圈的旋转对应着一个螺距的距离变化。这种设计不仅实现了电动运动向直线运动的转换，还巧妙地利用滚珠在丝杠沟槽与螺母之间的滚动，大大降低了运动过程中的摩擦损失，提高了传动效率。

保持连接器在转辙机的结构中扮演着至关重要的角色。它实际上是一个挤脱装置，通过弹簧提供了一定的压力，使得滚珠丝杠与动作杆紧密相连。在正常工作状态下，弹簧的压力确保了两者的稳定结合，有效地将电动机的输出力传导至动作杆，推动道岔进行精准转换。然而，在面对外部的异常挤压力时，例如由于轨道的物理阻碍导致的异常负荷，保持连接器的设计会发挥其保护作用。一旦作用于道岔的挤压力超过了弹簧所能承受的最大压力值，动作杆便会从保持连接器的锁定位置中脱离出来，避免了整个转辙机构因超负荷工作而受损的风险。这种机制的引入，不仅保证了道岔转换的顺畅进行，更重要的是，通过适时释放过大的工作应力，保证了关键部件免于损坏，延长了设备的使用寿命，提升了系统的整体可靠性与安全性。

这些组件共同协作，确保电动转辙机能够安全、可靠地执行道岔转换任务。

3. 检测和锁闭机构

检测和锁闭机构在电动转辙机中扮演着不可或缺的角色，它们主要负责监控道岔的当前位置，确保在正确的时刻锁定道岔，以保障列车的安全通行。这一系统的关键组成部分包括检测杆、速动开关组、锁闭块和锁舌，它们协同工作，共同维护着道岔的稳定性和准确性。

检测杆，作为道岔位置监测的直接执行者，随尖轨或心轨的移动而相应动作。其主要功能在于验证道岔是否已达到其终点位置，确保道岔尖轨或心轨已完全到位，防止过早或过晚的锁闭操作，从而避免道岔位置的错误锁定。

速动开关组，是一种智能的自动控制装置，通常采用先进的沙尔特堡接点组设计。它依赖于锁闭块的动作来控制整个系统内的电流流通情况。随着道岔在解锁、转换和最终锁闭阶段的移动，速动开关组自动开闭，有效地管理和控制了电动机的工作流程及道岔状态的信号传输，保证了操作的连续性和安全性。

锁闭块和锁舌，作为锁闭功能的核心，负责在道岔达到正确位置时进行锁定。当检测杆的指示缺口与指示标对齐时，锁闭铁和锁舌能够正常弹出，这不仅是检测杆动作完成的标志，也意味着速度开关组的启动接点已闭合，表示接点已断开。锁舌的弹出则进一步确保了转辙机内部的锁闭状态，通过阻止保持连接器的移动，实现了一种内部机械锁闭，有效防止了道岔的意外解锁，保障了行车的安全性。

4. 安全装置

安全装置是电动转辙机的重要组成部分，主要用于保障操作人员的人身安全以及确保设备操作的正确性。安全装置主要包括开关锁、遮断开关、连杆、摇把挡板等部件。

开关锁：开关锁的作用是在进行检修作业或者需要手动操作转辙机时，通过钥匙操纵遮断开关闭合或断开，从而可靠地切断电动机的动作电路，防止电动机意外启动，确保操作人员的安全。

遮断开关：遮断开关与开关锁配合使用。当遮断开关接通时，摇把挡板可以有效阻挡摇把插入摇把齿轮，防止未经授权的操作。而当断开遮断开关时，摇把可以顺利插入摇把齿轮或使用钥匙打开电动转辙机机盖，此时电动机的动作电源会被可靠地切断，除非经过人工操纵和确认，否则无法恢复供电。

连杆：连杆用于连接各部件，确保机械动作的一致性和协调性。

摇把挡板：摇把挡板通常位于转辙机壳体上，用于防止未经授权的人员插入摇把进行手动操作。

这些安全措施确保了只有在适当的条件下才能进行手动操作，并且在进行任何维护或检修时都能有效地切断电源，从而保护操作人员免受伤害，并防止因误操作导致的设备损坏。

5. 配线接口

配线接口主要由电缆密封装置和接插件插座组成。

(二) 外锁闭装置

S700K 型电动转辙机在带动道岔转换至特定位置后，通过外锁闭装置实现尖轨与基本轨的密贴夹紧和固定，这种方式不依赖转辙机内部的锁闭装置，而是利用外部锁闭装置来完成。外锁闭装置的设计合理分散了轮对对尖轨的侧向冲击，有效克服了内锁闭道岔的缺点。

外锁闭装置的发展演变体现了对铁路道岔技术不断优化的过程，尤其强调了适应性和可靠性的重要性。从最初的燕尾式外锁闭装置到后来的钩式外锁闭装置，这一转变充分考虑了中国铁路道岔的实际需求，提高了系统的整体性能。

燕尾式外锁闭装置在设计上存在诸多局限，如结构的复杂性和受力不均匀导致的问题，尤其是对尖轨病害的适应性较差，故障率较高，这些问题限制了其应用范围。相比之下，钩式外锁闭装置采用了更为科学的垂直锁闭方式，通过直接将锁闭力传递给基本轨，减少了锁闭铁和锁闭框的弯矩，显著提升了锁闭的可靠性。此外，通过锻造调质处理的钩式装置配件，具备了更优的机械性能，避免了燕尾式装置中因弯矩和铸造缺陷导致的断裂风险，进一步提高了装置的稳定性。

钩式外锁闭装置根据不同的应用场景进行了细分，主要有分动尖轨用和可动心轨用两种。其中，城市轨道交通主要使用的是分动尖轨用钩式外锁闭装置，其由一系列组件构成，包括锁闭杆、锁钩、锁闭框、尖轨连接铁、锁闭铁以及锁轴等。这些组件协同工作，确保了道岔转换过程的精准和安全。

锁闭杆与转辙机动作杆相连，通过凸台和锁钩缺口带动尖轨，实现对尖轨的精确控制。锁钩通过销轴与锁闭杆相连，其下部缺口与锁闭杆凸台相互作用，推动尖轨运动；锁钩的尾部内斜面与锁闭铁接触，实现尖轨与基本轨之间的紧密锁闭。锁闭框固定锁闭铁，承担支撑锁闭杆的功能，通过螺栓与基本轨连接，锁闭铁则插入锁闭框的方孔内，并通过固定螺栓加以稳固。

这种钩式外锁闭装置的设计，不仅提高了铁路道岔的安全性和可靠性，也更好地满足了铁路运输对高效和安全的严格要求。它通过优化的结构设计和组件配置，显著提升了道岔在运行过程中的稳定性，确保了列车的顺畅通行，为铁路系统的现代化发展做出了重要贡献。

（三）S700K 型电动转辙机尖轨的安装装置

S700K 型电动转辙机尖轨的安装装置包括托板、弯头动作杆、尖端铁、长表示杆和短表示杆等。

四、ZYJ7 型电液转辙机

（一）ZYJ7 型电液转辙机的结构

ZYJ7 型电液转辙机是一种用于铁路信号系统中的重要设备，它由主机和 SH6 型转换锁闭器（亦称"副机"）两部分组成，分别适用于第一牵引点和第二牵引点。

ZYJ7 型电液转辙机主机：包括电动机、油泵、油缸、启动油缸、单向阀、溢流阀、调节阀、节流阀、滤清器、推板、锁闭杆、动作杆、表示杆和接点组等组件。这些组件共同作用于实现道岔的准确转换及锁闭功能。

SH6 型转换锁闭器：副机主要由油缸、挤脱接点、表示杆和动作杆组成。它的作用是辅助主机完成道岔转换过程中的锁闭任务，并提供转换到位的指示信号。

这两部分协作，确保道岔能够稳定、准确地转换到指定位置，并且能够及时反馈道岔的状态信息给信号控制系统，以确保行车安全。

（二）ZYJ7 型电液转辙机各部件的功能

1. 电动机

ZYJ7 型电液转辙机使用了一台交流三相异步电动机，型号为 Y90S6B35，其额定电压为 380 V，额定电流为 2.2 A，额定转速为 960 r/min。这台电动机的主要功能是将输入的电能转换为机械能，为整个转辙机提供必要的动力来源。为了进一步提高系统的稳定性和可靠性，在电动机上增加了惯性轮。这个惯性轮的作用是确保在转辙机完成道岔转换动作并到达指定位置时，开闭器的接点不会因为惯性作用发生颤动，从而保证了电气接点的稳定接触，增强了整个系统的安全性和可靠性。

2. 油泵

ZYJ7 型电液转辙机装备的双向斜盘轴向柱塞式油泵，以其 9 MPa 的额定压力和 2.1 mL/r 的排油量，展现出了其高效能的工作特性。这种油泵之所以备受青睐，源于其构造的简洁性、长久的使用寿命以及高度的可靠性。泵内部由 9 个精心设计的柱塞构成，每个柱塞上都装有弹簧和钢球，并且配合不同厚度的钢质片，下方则设有沟槽，使得在受力作用下能够有效地吸起和挤出液压油。

该油泵的工作原理在于，当电动机驱动油泵单向旋转时，柱塞能够从一侧吸油并向另一侧压油，通过这一过程的反复高速运作，实现液压油的连续泵送。而当电动机反向旋转时，油泵同样能够从另一端吸油并反向压送，展现出双向工作的灵活性。这种设计赋予了油泵在正反向都能泵送液压油的能力，因而被称为柱塞式油泵。

ZYJ7 型电液转辙机的油泵在结构上进行了创新改进，取消了传统的柱塞弹簧，仅保留一根弹簧，这样的设计优化了油泵的容积效率和机械效率，减少了能量损耗，提高了整体性能。这种改进不仅简化了油泵的结构，而且提升了其工作性能，确保了转辙机在铁路信号系统中的稳定和高效运行。

3. 油缸

油缸作为电液转辙机中的核心部件，由多个关键部分组成：活塞杆、缸座、缸筒、缸套、接头体、连接螺栓和密封圈。活塞杆两端设有螺孔，这些螺孔与连接螺柱的一端进行紧固连接，而连接螺栓的另一端则与杆架相连，最终杆架与机体外壳固定在一起。这样的结构设计使得活塞杆在油缸内保持稳定，而缸筒的直线运动则直接用于推动尖轨或心轨进行转换。

油缸的主要功能是将油泵注入的液压油压力转换为机械力，这种力的作用是实现尖轨或可动心轨的准确转换。油缸的动程设计为 50 mm，这与转辙机的动程要求相匹配，确保了转辙机能够顺利完成转换尖轨或心轨的任务。通过这种精确的机械设计，油缸不仅提供了所需的推力，还保证了转辙机操作的稳定性和可靠性。

4. 启动油缸

启动油缸在电液转辙机中扮演着至关重要的角色，其主要目的是在电动机启动初期提供较小的负载，以辅助电动机克服启动时力矩不足的问题。这种设计使得电动机在转速提升和力矩增大后，能够更有效地带动整个系统。

启动油缸的结构由缸体、缸筒、柱塞、垫块、螺堵和 O 形圈等部件组成。通过两个接头阀，启动油缸与油路板相连，形成与油缸并联的油路系统。柱塞和缸筒是启动油缸内部的关键部件，负责响应液压油的压力变化。

在电动机启动瞬间，若油泵输出高压油，则启动油缸的右侧同样会感受到高压压力。因为启动油缸与油缸并联连接，这使得高压油首先推动位于启动油缸内的活塞向左移动。此时，由于活塞的推动力相对较小，电动机在启动时仅需克服这一轻微阻力，大大降低了启动时的难度。

随着电动机转速的增加及输出扭矩的加大，启动油缸内部逐渐充填满液压油，紧接着液压油流入主油缸，进而推动油缸执行动作，使道岔顺利转换位置。

要实现道岔向相反方向转换时的操作，电动机需切换至反向旋转。在此过程中，油缸左侧变为高压区域，而启动油缸的活塞则会向右移动。此设计巧妙地解决了电动机反向启动时可能产生的力矩不足以驱动道岔转换的问题，确保了整个系统运作的平稳性和可靠性。

通过这一机制，无论是正向还是反向转换道岔，都能有效减少启动时的阻力，提高转换过程的效率与安全性。同时，结合电动机的自动控制与液压系统的精确配合，实现了道岔转换的智能化操作，显著提升了铁路运营的便捷性和效率。

通过这种巧妙的设计，启动油缸不仅提高了电动机的启动效率，还增强了整个转辙机系统的稳定性和可靠性。

5. 单向阀

单向阀就像二极管单向导电那样，正向的液压油流畅通过，反向的液压油流则被关闭而不能通过。单向阀由阀体、空心螺栓、钢球、O 形圈和挡圈等组成。阀体内有两个钢球，装在与空心螺栓同心的圆槽内，螺栓与油路板间经加垫的密封圈坚固连接。为防止失灵，做成双层阀门。挡圈用来防止钢球封死上部的出油口。

6. 溢流阀

溢流阀是液压系统中的关键组件，它由阀体和阀芯等部件构成，其中阀芯安装在阀体的顶端，并使用弹簧、弹垫和密封螺母进行固定。溢流阀的主要功能是控制液压系统中的压力，确保液压油的压力不会超过设定的安全限值。

通过调整溢流阀内弹簧的弹力，可以设定系统的最高工作压力。这样做的目的是，在道岔转换过程中如果遇到阻碍，而电动机的电源又未能及时断开，液压系统中的油液压力可能会不断上升，此时溢流阀能够防止压力过高导致液压元件损坏。此外，当道岔已经转换到位，但电动机仍在运转，溢流阀能够使高压油释放压力，并通过回油管将液压油返回油箱，从而避免系统过载。

溢流阀的作用在某种程度上类似于电动转辙机中使用的摩擦联结器，它通过自动调节压力，保障了液压系统的安全和稳定运行。这种设计提高了电液转辙机的可靠性，确保了铁路信号系统在各种工作条件下的安全性和有效性。

7. 调节阀

调节阀（调节螺柱）用来改善副机油缸与主机油缸在转换道岔时的同步性。

8. 节流阀

设在主机油缸活塞杆的两端，用来调节进入主机油缸液压油的流速。

9. 滤清器

滤清器也称滤芯，由合金粉末压铸而成，用来防止杂物进入溢流阀及油缸，造成油路卡阻，以保证油路系统的可靠性。

10. 推板

推板是嵌在油缸套上的矩形钢板，其大部分嵌在缸套内，斜面凸起露在缸套外面，凸起的斜面动作时推动锁块，从而使动作杆运动。

11. 动作杆

方形动作杆上装设有两个活动锁块，与油缸侧面的推板配合工作。动作杆外侧有圆孔，用销子和外锁闭杆连接。转换道岔时，油缸带动推板，推板推动锁块，锁块通过轴销与动作杆相连。道岔转换至锁闭位置时，推板将动作杆上的锁块挤于锁闭铁斜面上。

12. 锁闭杆

在电液转辙机中，主机的伸出与拉入位置分别设置了一根锁闭杆，这些锁闭杆的外端通过长、短外表示杆与尖轨相连，实现对尖轨位置的控制和反馈。锁闭杆内部开设有方槽，这些方槽与接点组系统的锁闭柱方棒精准配合。当尖轨转换到指定位置并完成锁闭动作后，锁闭柱会落入锁闭杆上的方槽内，这一动作将促使接点接通，从而激活相应的表示电路。

锁闭杆上方槽和锁闭柱下端都设计为矩形，这样的设计赋予了锁闭杆明确的锁闭功能，确保尖轨能够稳定地保持在正确的位置。在电液转辙机的两个尖轨上，分别连接有两根锁闭杆，一根承担着锁闭尖轨的责任，而另一根则作为斥离尖轨的表示杆，提供尖轨位置的反馈信息。这种设计不仅确保了铁路道岔的安全性和准确性，而且通过锁闭杆与接点组系统的协同工作，实现了对道岔状态的实时监测和控制。

13. 表示杆

副机在伸出与拉入位置分别配备了一根表示杆，这些表示杆通过长、短表示杆与尖轨相连，用于监测尖轨的位置状态。表示杆的内部设计有斜槽，这些斜槽与接点组系统中的检查柱下端的斜角相匹配，共同工作以检查道岔的准确位置。

当尖轨完成转换并到位锁闭时，检查柱的下端会准确地落入表示杆的缺口中。这个动作会导致接点闭合，从而接通相应位置的表示电路，提供道岔位置的信号。与主机的锁闭杆不同，副机的表示杆并不具备锁闭功能，其主要作用是提供位置反馈。

在发生挤岔的情况下，即尖轨受到异常力量而偏离正常位置时，检查柱会上提，这个动作会断开表示电路，从而触发警报并防止进一步的操作，确保系统的安全。通过这样的设计，副机的表示杆在确保铁路信号系统安全运行中发挥着至关重要的作用。

14. 接点组

电液转辙机可采用普通自动开闭器，也可采用沙尔特堡 S800aW40 型速动开关。

第三节　轨道电路与计轴设备

一、轨道电路

（一）轨道电路概述

1. 轨道电路的作用

轨道电路在铁路信号系统中发挥着至关重要的作用，主要体现在以下几个方面：

监督列车使用：轨道电路能实现实时检测轨道区段是否被列车或调车车列占用，这是确认线路可用性、设定信号以及实施闭塞措施的关键因素。一旦轨道电路监测到某区域已被占用，它会自动通知相关系统关闭相应信号，以此确保行车安全。

传递关键数据：在数字编码式音频轨道电路中，能够携带并传输必要的行车信息，这些信息对列车自动驾驶系统具有重要价值。列车自动驾驶系统依据轨道电路提供的信息——包括前车的位置、前方信号的状态以及线路状况——来决定列车的目标速度，同时指导列车应采取减速还是停车措施。这意味着轨道电路不仅是列车自动驾驶系统与地面基础设施之间沟通的核心通道，还直接关系到列车自动化的高效与安全运行。

简而言之，轨道电路不仅可监测轨道的使用状态，还作为关键的数据桥梁，支持先进的列车控制系统实施有效的运行管理，确保列车在复杂的交通环境中平稳、安全地运行。

通过这些功能，轨道电路不仅提高了铁路运输的安全性和效率，还为列车运行的自动化和智能化提供了基础支持。

2. 轨道电路的分类

轨道电路有较多种类，也有多种分类方法。

（1）按供电方式分类

轨道电路按照电流类型和工作方式的不同，可以分为直流轨道电路和交流轨道电路两大类。

在城市轨道交通领域，轨道电路按照工作模式主要分为两类：直流轨道电路和交流轨道电路。直流轨道电路基于脉冲信号机制，分为连续式和脉冲式两大类，具体又包括极性脉冲、极频脉冲及不对称脉冲轨道电路。这类电路利用脉冲信号来检测轨道是否被列车占用，其设计原理旨在实现安全、高效的列车运行监控。

交流轨道电路同样分为连续式和电码式，涵盖工频、相敏、二元二位感式、音频（移频或无绝缘）以及电码调制等多种类型。交流电码式轨道电路则是通过不同频率的交流电编码信息，用于列车运行控制和调度。这一技术的引入提高了通信效率和可靠性，减少了物理接触点的依赖。

值得注意的是，城市轨道交通系统倾向于采用直流牵引供电方式，因此其轨道电路的设计通常围绕 50 Hz 的电源进行优化。这与铁路系统形成对比，铁路系统多采用交流工频牵引，因此轨道电路需采用不同于 50 Hz 的频率，如 25 Hz，以避免与牵引电流的干扰。这样的差异反映了两者在电气结构、运营需求和安全规范上的不同，城市轨道交通的轨道电路设计因此更加灵活且针对性强，旨在满足其独特的技术要求。

（2）按传送的电流特性分类

轨道电路按照其工作频率和传输信息的方式，主要分为工频连续式轨道电路和音频轨道电路两大类。

工频连续式轨道电路通过传送连续的交流电流来实现对轨道占用情况的监督。这种轨道电路的功能相对单一，主要用于检测轨道是否被列车占用，而不涉及其他信息的传输。

音频轨道电路作为一种重要的铁路通信设备，负责监督轨道的占用状态并传输相关运行信息。它根据技术特点和功能的复杂程度，被细分为模拟式和数字编码式两种。

模拟式音频轨道电路采用调幅或调频技术，通过低频对高频载波的调制来传递信息。这种电路的主要优势在于其简单的实施和维护，可以有效地传送闭塞分区的占用信息，为列车运行决策提供基础数据。闭塞分区是指列车行进过程中，相邻两个信号机之间的距离段，此信息对于保持列车安全间隔至关重要。

相比之下，数字编码式音频轨道电路则代表了技术发展的更高级阶段。它运用了数字调频技术，不再局限于单一的低频调制，而是通过一组预设的高频调制频率来编码信息，每个频率代表不同的比特，从而实现了数据的高密度传输。这一技术不仅显著增加了信息的传输容量，还能通过特定的编码规则来实现信息的安全传输，包括速度码、线路坡度码、闭塞分区长度码等关键参数，甚至可能包括纠错码，以保障数据传输的准确性和可靠性。数字编码式音频轨道电路的引入，显著提升了铁路系统的信息化水平和运行效率，标志着轨道通信技术的重要进步。

通过这种多样化的轨道电路设计，铁路信号系统能够满足不同场景下对轨道占用监督和信息传输的需求，提高列车运行的安全性和效率。

（3）按使用处所分类

轨道电路按照其应用场景和功能，可以分为区间轨道电路和车辆段内轨道电路两种类型。

区间轨道电路主要应用于铁路的正线上，其作用不仅限于监督各个闭塞分区是否处于空闲状态，还需承担传输与行车相关的信息。由于区间轨道电路需要覆盖较长的距离，以适应闭塞分区的长度需求，因此其设计和构成相对复杂。

相比之下，车辆段内轨道电路则用于车辆段内部的各个区段。这种轨道电路的主要功能是监督本区段是否空闲，而不涉及其他信息的传输。与区间轨道电路相比，车辆段内轨道电路的结构相对简单，主要满足段内列车运行和调车作业的基本需求。

这两种轨道电路根据不同的应用环境和功能需求，发挥着各自的作用，共同确保铁路运输的安全性和效率。

（4）按牵引电流的通过路径分类

轨道电路按照钢轨的使用数量，可以分为单轨条轨道电路和双轨条轨道电路两种类型。

单轨条轨道电路和双轨条轨道电路是铁路电气化系统中的两种常见设计，它们各自在功能、结构、性能及成本方面有所差异。

单轨条轨道电路的特点是使用一根钢轨作为牵引电流的回线，并在绝缘节点通过抗流线将电流导向相邻轨道电路的钢轨上。这一设计虽然结构简单且建设成本较低，但因为钢轨的阻抗较高，导致其传输距离相对较短。此外，由于单轨条系统中仅有一条导线用于传输信号和牵引电流，当牵引电流通过时，可能会对信号产生较大的干扰，这种干扰与牵引电流的大小和钢轨的阻抗直接相关。

双轨条轨道电路是为了提升信号的稳定性和可靠性而发展的一种技术。它通过两根钢轨并联来传递牵引电流，利用扼流变压器在钢轨绝缘处将牵引电流导通，同时信号设备通过扼流变压器与轨道连接。这样设计的优点在于大大降低了两根钢轨间产生的不平衡电流，减小了阻抗，从而有利于信号的稳定传输，使得整个系统运行更为平稳和高效。然而，双轨条轨道电路的建设和维护成本相对较高，相较于单轨条系统需要投入更多资源，并且其维护工作也相对复杂。

综合来看，单轨条轨道电路因其低成本和相对简单的结构在一些经济条件有限或初期建设阶段被广泛采用；而双轨条轨道电路则适用于对信号稳定性有更高要求的铁路系统，尽管其成本更高，但在提高运营效率和可靠性方面具有显著优势。随着科技的进步和成本控制的优化，未来的铁路电气化系统设计可能将结合两者的优势，以期达到最佳的性能与成本效益平衡。

单轨条和双轨条轨道电路各有优势和局限，它们的选择取决于具体的应用需求和成本效益考量。

（5）按分割方式分类

轨道电路根据是否使用钢轨绝缘，可以分为有绝缘轨道电路和无绝缘轨道电路两种类型。

绝缘轨道电路和无绝缘轨道电路在现代铁路系统中扮演着至关重要的角色，分别以其独特的优点服务于不同的场景。

绝缘轨道电路通过在钢轨之间安装绝缘节来实现轨道电路的电气隔离，这种设计允许本轨道电路独立于相邻轨道电路运行，但同时也引入了一系列问题。绝缘节在列车运行过程中承受着巨大的冲击力和剪切力，长期的机械应力可能导致绝缘节的损坏，进而提高轨道电路的故障率。此外，安装绝缘节还需要进行锯轨操作，这不仅削弱了轨道的物理强度，还增加了维护工作的复杂性和成本。

为了解决牵引回流通过绝缘节的问题，电气化铁路常采用安装扼流变压器或设置回流线的方法。这样可以在不破坏绝缘节的情况下，保证牵引电流的正常流动，确保电气化系统的稳定运行。

与此相对应的是无绝缘轨道电路的设计，它通过不设置传统的机械绝缘节来实现轨道电路的电气隔离。这种方法主要依靠谐振槽路和特定的信号频率来实现电气隔离。无绝缘轨道电路的使用，尤其是于城市轨道交通正线中，极大地改善了列车运行环境。取消了机械绝缘节和钢轨接头，不仅减少了车辆轮对与钢轨接缝之间的碰撞，降低轮对和钢轨的磨损，还有效避免了列车通过接缝时可能产生的不舒适感，显著提高了运行的平稳性和乘客的舒适度。整体而言，无绝缘轨道电路在城市轨道交通系统中展现出更高的安全性和乘客满意度，成为现代化轨道交通设计中的重要趋势之一。

3. 轨道电路的基本要求

轨道电路的设计和应用需要严格遵守一系列基本原则和标准，旨在确保铁路信号系统运行的绝对安全、稳定和高效。首要原则是"故障安全"，意味着轨道电路在出现故障时，必须能够进行可靠的分路检查，以保障列车运行的安全性。其次，无论在最不利的环境下还是在分路状态下，轨道电路的受电端接收设备都应保持稳定的工作状态，并在发送设备兼作机车信号发码电源时，其入口电流需满足机车信号接收的灵敏度要求。第三，使用特定电阻值（$0.06 \sim 0.5\ \Omega$）进行分路测试，应确保轨道电路的受电端接收设备可靠停止工作，以检测电路的分路功能。第四，不同制式的轨道电路需在规定的技术性能范围内实现一次性调整，确保不同系统间的兼容性和互操作性。第五，所有轨道电路均需进行详尽的理论分析和计算，以确保设计的安全性和可行性。第六，即使在轨端绝缘损坏或电路内部元件发生故障的情况下，轨道电路也不应失去分路检查能力，以防止信号机不必要的升级显示，确保行车安全。第七，对于电力牵引区段的轨道电路，必须具备防护连续或断续不平衡牵引电流干扰的能力，在不平衡电流低于特定值时，应保证调整状态的稳定性及分路状态下的可靠工作。第八，电力牵引区段的轨端接续线应采用焊接方式，以提升轨道电路的可靠性。第九，各类站内轨道电路应传递与电码化机车信号不同的信息，其发送和接收端均需满足电码化的要求。这些原则和标准综合考虑了多种条件下的轨道电路应用需求，旨在提供准确的信号支持，确保列车运行的安全性和高效性。

（二）50Hz 微电子相敏轨道电路

1. 50Hz 微电子相敏轨道电路的技术参数：

轨道电路的设计和性能需满足一系列关键参数和条件，以确保其在铁路信号系统中的安全性和可靠性：

①轨道电路必须能够适应的最大直流牵引电流为 4000 A，以满足高电流需求的电气化铁路运行。

②分路电阻设定为 0.15 Ω，确保在分路状态下，分路残压不超过 10 V，以保证信号的准确性和安全性。

③送电端和受电端的防护电阻阻值应不低于 1.6 Ω，以提供足够的电阻保护。

④轨道电路的极限长度设计为 300 m，以覆盖所需的监测范围。

⑤在特定的钢轨阻抗、道碴电阻和电源电压条件下，轨道电路在极限长度内应满足调整和分路检查的要求，并能够实现一次性调整。

⑥微电子相敏轨道电路接收器的交流工作电压范围为 13.5～18 V，工作值定为 12.5±0.5 V，理想相位角为 0°，且失调角需控制在 30°以内，返还系数应超过 85%，以确保信号接收的稳定性和准确性。

⑦电源电压要求为 DC 24±3.6 V，其中交流分量不得超过 1 V，以保持电源的稳定性。

⑧送电端电缆允许的压降限制在 60 V 以内，以减少能量损失并保证信号传输的可靠性。

⑨设备必须能够在极端环境温度下，即 -25～60 ℃，稳定可靠地工作，以适应不同的气候条件。

这些参数和条件共同确保了轨道电路能够在各种环境下稳定运行，为铁路运输提供准确的信号保障。

2. WXJ50 型微电子相敏轨道电路接收器的技术条件

WXJ50 型微电子相敏轨道电路接收器是一种专为铁路信号系统设计的高可靠性设备，其特点和要求如下：

①该接收器安装在安全型继电器罩内，并使用继电器插座进行连接。

②工作电源为直流电 DC 24±3.6 V，其中交流分量不超过 1 V。电源可以由电源屏提供，或者通过独立的整流电源供应。每套接收器的耗电量小于 100 mA，包括驱动 JWXC1700 型轨道继电器的电流。

③接收器的局部电源为 110 V/50 Hz，同样可以由电源屏或独立电源供应。每套接收器的局部输入阻抗为 30 kΩ，输入电流约为 3.7 mA。

④最终执行继电器 JWXC1700 采用安全型继电器，增强了系统的安全性。

⑤轨道接收阻抗设计为 $Z = 500±20$ Ω，$\theta = 160°±8°$，确保信号接收的稳定性。

⑥当轨道接收信号与局部电源相位差为理想相位 0°时，工作电压为 12.5±1 V，返还系数需大于 85%，以保证信号的准确传输。

⑦接收器具备可靠的绝缘破损防护性能，提高了系统的安全性。

⑧轨道输入端采用调相防雷变压器，具备强大的雷电防护能力，保护接收器免受雷电冲击。

⑨调相防雷变压器同样安装在安全型继电器罩内，每个继电器罩内可安装两套设备，供两段轨道电路使用，提高了设备的使用效率和灵活性。

这些特性和要求确保了 WXJ50 型微电子相敏轨道电路接收器能够在各种环境条件下稳定可靠地工作，满足铁路信号系统对安全性和可靠性的高标准。

（三）音频无绝缘轨道电路

1. 音频无绝缘轨道电路的基本工作原理

音频无绝缘轨道电路是一种革命性的轨道电路技术，它突破了传统机械绝缘节的限制，采用电子方式实现轨道区段间的电气隔离。每一段轨道都配备了发送器和接收器，通过各自独立的调谐单元与钢轨连接，这些调谐单元位于轨道电路的两端，为电路的稳定性和准确性提供关键支撑。

为了确保相邻轨道区段之间的电气隔离，音频无绝缘轨道电路选择在 20 至 2000 赫兹的特定频率范围工作。这一频率范围内的信号通过调谐单元与短路棒以及终端的短钢轨等效电感共同作用下，实现并联谐振。谐振效应不仅创建了有效的电气隔离，同时也通过短路棒对信号路径进行了优化，降低了信号干扰的可能性，确保了轨道电路在电气层面的纯净性和有效性。

调谐单元在音频无绝缘轨道电路中不仅负责电气隔离，还承担着重要的阻抗匹配角色，作为信号收发的接口，确保了信号的高效传输和接收。这样的设计使得电路能够在保证信号质量的同时，实现轨道区段间的无缝切换和高效通信。

整个音频无绝缘轨道电路由室外和室内两大部分组成，通过电缆连接。室外部分主要包括轨道上的分隔点和调谐盒，调谐盒内装有调谐单元和方向转换电路，与钢轨和其他分隔节点共同构建调谐回路。室内部分则包括接收和发送单元，与计算机联锁系统对接，确保信号的准确处理和传输。这一设计不仅提升了铁路信号系统的安全性和可靠性，而且显著降低了维护成本和复杂性，是现代轨道交通技术的重要进步。

2. 音频无绝缘轨道电路的分类

（1）按信息处理技术分类

音频无绝缘轨道电路根据其信息处理机制，可分为模拟轨道电路和数字编码轨道电路两大类。

模拟轨道电路利用低频信号对载频进行调制，所使用的信号为模拟量，主要功能为控制列车的速度。受限于仅能传输速度信息，此类电路在实际应用中通常采用固定闭塞方式，形成阶梯式的控制模式，保证基本的运行安全。

而数字编码轨道电路则是通过数字编码技术和数字调频对载频进行处理，得到的信号为数字量。这种电路能够传输包含目标速度、目标距离、线路坡度、区间限制和轨道电路长度等更为详尽的列车控制信息。这些信息的高效传输，使数字编码轨道电路能够实现更为灵活、精确的控制模式，比如准移动闭塞中的曲线式控制，极大提升了信号系统的工作效率和安全保障。

总结起来，相比于模拟轨道电路，数字编码轨道电路具备更高的信息传输能力与更复杂的控制策略，显著增强了铁路信号系统的效能与安全性。

（2）按调制方式分类

音频无绝缘轨道电路按照调制方式的不同，可以分为调幅轨道电路和调频轨道电路两大类。

调幅轨道电路通过调幅技术将低频信号加载到载频上进行传输。例如，上海地铁 1 号线使用的 GRS 音频无绝缘轨道电路就采用了调幅方式，利用 2 Hz 和 3 Hz 的低频信号对 2625 Hz、2925 Hz、3375 Hz 和 4275 Hz 的载频进行调制，以此检测列车是否占用轨道。

调频轨道电路则采用调频或数字调频技术将低频信号或数字报文加载到载频上。这种方式被大多数音频轨道电路采用。以 FTGS917 型轨道电路为例，它将 9.5 Hz、10.5 Hz、11.5 Hz、12.5 Hz、13.5 Hz、14.5 Hz、15.5 Hz 和 16.5 Hz 作为载频，并通过偏频 ±64 Hz 进行数字调频，其中 +64 Hz 代表二进制的"1"，64 Hz 代表"0"。

这两种调制方式各有特点，调幅轨道电路结构简单，易于实现，而调频轨道电路则能够提供更丰富的信息传输能力，适用于更复杂的信号系统。

二、计轴设备及应答器

（一）计轴系统的基本原理

1. 电子计轴点 ZP43

西门子公司开发的电子计轴点 ZP43 作为计轴系统中的传感装置，具有对电磁干扰不敏感和安装方便的特点。由于其高机械稳定性和恒定的电气参数，ZP43 几乎不需要维护和保养。

计轴点是计轴系统中用于车轮识别的关键点，通常位于轨道区段的分界点。安装在该位置的传感元件、轨旁设备和电缆接线盒共同构成了一个功能单元，称为计数点 ZP。车轮通过 ZP 时，会因作用力产生脉冲或信号，这些信号通过区间电缆传送至控制中心的计数单元。

实验室和现场的试验结果表明，新开发的 ZP43 能够有效地防护多种干扰的影响。计数点 ZP43 是一种车轮电磁识别装置，当车轮进入计数点的作用范围内时，可以改变交流电磁场的分布，从而引发计数脉冲。

每个计轴点 ZP43 由一个轨旁设备和一个电缆盒组成，轨旁设备带有固定连接的电缆。轨旁设备包括发送器和接收器，它们通过两个固定螺栓与一块屏蔽金属板一起安装在轨腰上。由于采用了玻璃纤维加强的外壳和浸在聚氨酯泡沫中的空心线圈等结构和生产措施，ZP43 的元件具有特别强的抗机械应变能力。

为了能够判别列车的运行方向，需要两个紧密相邻的车轮识别系统。ZP43 的发送器和接收器都配备了双套系统，两个系统之间的预设距离形成了通过它们的时间差，这个时间差用来确定列车的运行方向。

2. 计算机计轴系统 AzSM

计算机计轴系统是一种基于微计算机的轨道区段空闲或占用检测的安全设备，而AzSM 是"带有多段计数的西门子计轴系统"的英文缩写。在被检测的轨道区段的始端和终端，安装有车轮传感器，也就是计数点。这些车轮传感器通过通信电缆与中央计数设备相连，同时，车轮传感器的供电也通过这个通道实现。计数单元作为中央处理和监控的核心，负责汇总来自计数点的轴脉冲信息，生成总体结果，并判断每个轨道区段是空闲还是被占用。

AzSM 系统包括两部分：首先是监控轨道区段两端的计数点；其次是最多可以包括16 个计数点的计轴单元。计数单元是一种基于微计算机系统的数据处理设备，核心是经过安全性证明的 SIMIS – 3216 计算机系统，该系统拥有 3 个数据处理通道，确保数据流在三个通道内同步。计数单元在结构上安装在 4 排框架上，组件通过插入方式安装。

AzSM 系统的主要特征包括：最多可以连接 16 个计数点；具备自动纠错功能；能够通过联锁总线或调制解调器向计算机服务器及维修中心发送故障信号。在轨道区段的始端和终端放置的车轮传感器，能够识别通过该线路的列车的所有车轮（轴）数以及运行方向。

（二）应答器

1. 地面应答器设备

（1）地面电子单元

地面电子单元（LEU）是一种数据采集与处理单元，当有数据变化时（如信号显示改变等），将改变后的数据形成报文传送给应答器进行发送。

（2）地面应答器

地面应答器分为无源应答器和有源应答器两种类型。无源应答器用于向列车发送预存的固定信息，而有源应答器通常与 LEU 相连，可以通过 LEU 实时更新其内部存储的数据。

无源应答器通过接收车载应答器天线传递的载频能量来获取电能，从而激活应答器内的信号发生器，并将事先存储在应答器中的数据发送给车载天线。

在一些城市轨道交通系统中，在车站的出站信号机位置设置了出站有源应答器。这种类型的应答器可以根据车站联锁系统确定的列车发车进路状况，向列车发送包含列车运行方向、进路状态等动态信息的数据。这样的设计有助于提高列车运行的安全性和效率。

2. 车载应答器设备

每个地面应答器都与轨道上的一个固定坐标相对应，这使得列车能够通过读取这些应答器来精确地定位并校正其行驶里程。当列车经过一个地面应答器时，它会接收到含有该应答器特性和位置信息的数据，包括但不限于应答器的具体位置、位置数据的准确度以及列车行进的方向。如果接收到的信息与预设值不符，车载解码设备会立即识别这一差异，并触发列车自动防护（ATP）系统做出响应，实施必要的安全措施。

车载接收器承担着几项关键任务：首先，它需要向地面应答器传输必要的能量以激活它们；其次，它负责接收由地面应答器发送的信息；再次，对接收到的数据流进行解析，识别出完整的报文，确保报文无误并确定定位参考点；最后，它还可以从列车向地面发送包含校验码在内的多种信息，以确认信息的完整性和准确性。

车载应答器系统主要由几大核心部件构成，这些包括高效能的车载天线、精准的载频发生器与功率放大单元以及功能强大的车载解码器。该车载天线承担着双重角色，它既能发射激活地面应答器的能量，同时也能接收地面传回的数据。至于载频发生器与功率放大器，它们负责生成并增强激活应答器的特定载频能量。

车载应答器系统涉及的关键设备涵盖了车载天线系统、载频与功率放大装置以及解码器模块。该系统中的车载天线是一个高效的通信工具，负责在发送激活信号的同时，接收地面应答器反馈的数据信息。载频发生器与配套的功率放大器共同作用，产生必要的能量，并通过放大处理，确保能量传递至地面。车载解码器，作为一个集成微处理器和多种滤波器的复杂模块，它负责收集、处理接收到的信号，解调信息，并最终将这些关键数据传输至 ATP 系统、司机界面或无线通信设备，确保列车的精准定位与运行安全。这一系列组件的协同工作，是确保铁路交通高效且安全的关键因素。

第三章　联锁设备与列控设备

第一节　联锁设备

一、联锁的概念

在铁路运输系统中，"进路"这一术语至关重要，它指的是列车及调车机车在车站、联锁区或车辆段中行进的预定路径。每条进路始于一个信号机并终止于同一方向上的下一个信号机。进路的形成受道岔位置的影响，不同的道岔配置将决定不同的进路模式，每一条进路都设有特定的信号机进行安全防护。列车的行驶和调车操作需遵从信号机的指示。办理进路涉及将相关道岔置于正确位置并锁定，同时确保防护该进路的信号机开放。需要注意的是，当多条进路同时设置时可能会引发列车或调车车列的冲突，这类进路被称作"敌对进路"，其防护信号机则被称为"敌对信号"。

为确保行车和调车安全，只有满足进路空闲、道岔正确设置、敌对信号关闭的条件，防护信号机才能开放。信号开放后，进路中的道岔不得再行转换，同时禁止建立敌对进路及开放敌对信号。这种信号、道岔与进路之间的相互制约和保障机制构成了所谓的"联锁关系"，通常简称为"联锁"。这一机制是铁路信号系统确保行车安全的核心要素。

联锁设备是控制道岔、进路和信号，并实现它们之间联锁关系的设备。这些设备确保了铁路运输的安全和效率，防止了可能的危险情况的发生。

二、联锁设备及技术要求

(一) 联锁设备的发展

1. 继电式集中联锁

继电联锁电路有过多种制式，几经修改完善，6502 继电式集中联锁被认为是较好的定型电路，曾得到广泛应用。

2. 计算机联锁

随着计算机技术的快速发展，尤其是在可靠性和安全性技术领域的深入研究，计算机联锁系统得以问世。与传统的继电式集中联锁设备相比，计算机联锁系统在安全性、可靠性、经济性以及设计、施工、维护和使用等方面展现出显著的优势。它更加符合现代信号设备向数字化、网络化、综合化和智能化发展的需求。

计算机联锁系统利用先进的计算能力和软件技术来管理和控制道岔、进路和信号机，能够有效降低故障率，提高系统的整体性能。此外，模块化设计和易于更新的技术使得系统维护变得更加简单，同时也更容易满足未来扩展的需求。这些特点使得计算机联锁成为现代轨道交通自动化领域中的关键技术之一。

（二）基本技术要求

应用于城市轨道交通和铁路的联锁设备，应实现以下技术要求：

1. 基本操作原则

联锁设备应采用双按钮操作方式，即在办理进路、取消进路、人工解锁进路或单独操作道岔时，都需要按下两个按钮才能使设备动作。这种方式可以有效防止因误操作按钮而导致的信号设备错误动作，从而提高了系统的安全性。

2. 进路锁闭

进路锁闭是指在进路排列妥当并且防护该进路的信号开放之后，进路上的有关道岔被锁定，不能转换，同时敌对信号也是被禁止开放的状态。在控制台上，当进路成功排列后，从防护进路的信号机开始直到进路的终端，会显示出一条白光带，这表明进路已处于锁闭状态。进路锁闭的核心对象是集中联锁道岔，是由构成该进路的所有轨道区段的锁闭共同组成的。

三、联锁关系

（一）正线联锁关系

1. 一般要求

铁路运输中，车站联锁信号系统扮演着至关重要的角色，它的核心功能和标准要求包括多方面的重要内容。首先，计算机联锁（CI）系统承担着控制车站信号设备的核心职能，包括信号机、列车占用检测以及道岔等，确保这些设备间的相互配合与制约，达到车站联锁的目的。以下是系统的详细要求：

该系统追求的安全与效率并存，其设计理念为保障行车安全，同时提升运输效率，优化工作人员的劳动环境，并具备处理大规模信息及联网的功能。

此外，系统必须能够支持24小时不间断运行，确保铁路运输的连续性和稳定性。监控容量方面，系统需与车站、车辆段或停车场的规模及作业需求相匹配。

时钟校核功能也是必要的，系统需与列车自动监控（ATS）系统进行时钟校对，保持时间同步和数据的准确性。同时，CI系统需与ATS配合，实现控制模式的灵活转换。

在列车运行控制方面，系统通过进路管理实现控制，无论是CBTC（基于通信的列车自动控制系统）下的移动闭塞技术，还是降级模式下的固定闭塞方式，都能有效管理列车运行。

这种先进的CI系统不仅极大地提升了运输的安全和效率，也推动了铁路信号设备向数字化、网络化、智能化的方向发展。

车站联锁信号系统是铁路运输安全的关键，其通过CI系统实现对信号机、列车占用检测和道岔等设备的精确控制。该系统旨在确保设备间的相互制约与联系，以达到安全与效率的平衡。系统必须支持 24 小时运行，匹配监控容量，并与 ATS 系统进行时钟校核和操作配合。特别是在列车运行控制上，无论是 CBTC 模式还是降级模式，都能有效管理，这为铁路运输的现代化提供了坚实基础。

2. 基本功能

①用于列车占用检测的区段，可分为逻辑区段和物理区段。CI 系统可提供封锁区段、解封区段功能。区段封锁后，CI 系统不应排列经过该区段的进路。

②信号机。

铁路信号系统是铁路交通安全的核心，其主要职责是确保信号显示的准确无误，以维护列车运行的安全。该系统必须保证信号显示的稳定性，并在灯丝故障时采取措施防止信号显示错误。当信号机显示异常时，系统会立即将其调整为禁止信号，保障列车安全。同时，系统能够接收列车接近信息，并据此调整信号机的显示状态。信号机的封锁与解封、紧急情况下的信号关闭以及信号重复开放功能也都是系统必备的。此外，系统在信号开放后将持续检查联锁条件，以保证信号显示的有效性。对于始端信号机，系统设置了自动重复开放的限制。在灯丝监督方面，系统对列车和调车信号机均实施灯丝监督，确保在信号开放前后灯丝的完整性，并在断丝时及时做出反应。最后，系统还提供了信号机灯光测试功能，以全面保障信号系统的可靠性与安全性，为铁路运输的安全顺畅运行奠定基础。

铁路信号系统在确保列车安全运行中起着至关重要的作用，它通过精确控制信号显示，防止异常情况，确保信号灯在各种情况下的准确性。系统具备接收列车接近信息、封锁与解封信号机、应对紧急情况的信号关闭和重复开放功能，以及对信号开放条件的持续监督。特别是对信号灯丝的监督，从红灯灯丝检查到开放后灯丝的连续监测，再到灯光测试功能，无不体现了系统的严谨与完善。这些综合措施和功能的设计，共同构建了一个可靠、安全的铁路信号系统，为铁路运输提供了强有力的安全支撑。

③道岔。

铁路信号系统在道岔控制方面需要具备全面的处理能力，其中包括对道岔位置信息的准确掌握，涵盖道岔的定位、反位和四开状态，并能表示出道岔是否挤岔。在道岔的转换操作方面，系统应能执行多种操纵方式，如人工单独操纵（包括定操和反操命令）、进路选动和进路带动，且人工单独操纵具有最高优先级。在进行进路控制时，系统应确保进路上的道岔按顺序转换，并错开动作电流的启动峰值，以避免电力系统的冲击。此外，系统应可通过多种方式对道岔进行锁闭，包括进路锁闭、区段锁闭、人工单独锁闭、引导总锁等，一旦道岔被锁闭，便无法进行操纵。同时，系统还需具备单独锁闭和单独解锁功能，使得在道岔单独锁闭的情况下依然可以排列经过该位置的进路。最后，系统还应提供道岔的封锁和解封功能，一旦道岔被封锁，CI 系统便不会排列经过该道岔的进路。

铁路信号系统必须全面管理道岔的位置信息，包括道岔的定位、反位、四开状态以及挤岔表示。系统应支持多种道岔操纵方式，如人工单独操纵、进路选动和进路带动，且确保人工操纵具有最高优先级。在进路控制下，道岔转换应有序进行，并合理控制动作电流以避免峰值启动。系统还需实现多种锁闭功能，确保在道岔被锁闭后无法操纵。另外，系统应允许道岔单独锁闭后仍能排列进路，且具备封锁和解封道岔的能力，使得在道岔封锁状态下，计算机联锁系统不会安排列车经过该道岔，从而全面保障铁路信号系统的安全与效率。

（二）联锁表

联锁表，也被称作进路表，是铁路信号系统中的关键文档，它根据信号平面布置图编制而成，详细描述了进路、道岔、信号机以及相关设备之间的复杂联锁关系。这个表格是确保列车安全运行的基础，其基本要素涵盖了进路号码、名称、性质，以及排列进路所需的按钮、信号机、道岔等关键设备，还包括了敌对信号、侵限区段和轨道区段等安全要素。

对于正线联锁表，它在基本要素的基础上进一步增加了一些特定功能的要求，比如保护区段、接近区段、进路延时解锁时间、其他联锁条件、自动通过功能以及 ATS 自动进路开始触发区段等。这些增加的功能是为了适应列车在自动运行、降级运行、自动折返和引导接车等多种模式下的安全需求。

正线的联锁表进一步细分为不同模式下的表格，包括 CBTC 模式下的基本进路表、降级模式下的基本进路表、引导进路表和自动折返进路表。这些表格的存在确保了在不同运行模式下，列车都能得到适当的信号指令和安全保障。

与正线联锁表相比，车辆段的联锁表则反映了其设备功能和操作需求的不同。这种差异不仅体现了两者在联锁设备功能上的区别，也指出了它们在基本操作和行车指挥上的不同需求和特点。这种区分对于确保各自区域的列车运行安全至关重要。

（三）联锁系统功能

1. 进路设置

在城市轨道交通系统中，确保高密度行车安全是至关重要的，这依赖于 SICAS（西门子计算机辅助信号系统）联锁系统与 ATP 系统的紧密结合。SICAS 联锁系统负责通过防护信号机来保障进路安全，而 ATP 系统则负责监控列车在进路中的运行安全。SICAS 联锁系统提供了多种进路设置方式，包括 ATS 自动列车进路、RTU 自动列车进路、追踪进路和人工排列进路等。

为确保行车安全，SICAS 联锁系统提供了四种进路设置模式。其中，ATS 自动列车进路通过系统自动发送命令排列进路，而 RTU 自动列车进路则在前系统故障时由司机手动输入目的地码实现自动排列。此外，追踪进路功能允许 SICAS 在列车占用触发轨时自动排列固定进路。人工排列进路则具有最高优先级，允许操作员手动输入命令排列进路。值得注意的是，人工排列进路优先级最高，而自动列车进路与追踪进路功能相互排斥，单个信号机只能选择其一。操作员可通过 LOW（局域操作员工作站）或 MMI（多媒体交互系统）灵活操作，以开放或关闭信号机的自动排列或追踪功能，这种操作方式显著提升了城市轨道交通系统的高效与安全运行能力。

2. 进路排列的条件

在铁路或城市轨道交通系统中，进路的正确排列是确保列车安全运行的关键步骤。

以下是进路排列所需满足的条件：

①进路中的道岔没有被设置在与进路相反的位置上。

②进路中的道岔没有被人为锁定在错误的位置上。

③进路涉及的道岔区段和轨道区段没有被封锁。

④进路中的信号机没有被相反方向的进路占用。

⑤进路的监控区段没有被其他进路占用，且列车通过后能够正常解锁，不会出现绿光带现象。

⑥进路的非监控区段没有被其他方向的进路占用，除非这些区段在解锁时出现非正常解锁，且这些区段正是要排列的进路的一部分。如果非监控区段是被同方向的进路占用，则可以再次被征用。

⑦如果是排列进入洗车线的进路，需要从洗车场接收到允许洗车的信号。

⑧对于跨越不同联锁区的进路，需要确保与相邻联锁的通信正常。

⑨如果进路涉及通过防淹门，需要确保防淹门是打开状态且没有关闭请求。

⑩如果是排列进入车场的进路，需要确保与车场的照查功能正常。

只有当上述所有条件都得到满足时，进路才能被正确排列。在进路排列过程中，进路中的道岔（包括侧向防护道岔）应能自动转换到正确的位置，以确保列车能够安全地进入和通过进路。这些严格的条件确保了列车运行的安全性和效率。

3. 有关概念

（1）进路的组成

在铁路信号系统中，进路的构成主要包括三个核心部分：主进路、保护区段以及侧面防护。主进路是从起始信号机延伸至终止信号机的铁路路径，它本身又可以分为两个部分——监控区段（其中包括道岔区段）和非监控区段。

进路的组成要素涵盖了主进路、保护区段和侧面防护三个关键部分。主进路涵盖了从起始信号机到终止信号机的完整路径，该路径内包含监控区段和非监控区段两种类型。监控区段内通常包括对列车运行进行监控的道岔区段。保护区段则位于终止信号机的后方，通常涉及1至2个轨道区段，用于提供额外的安全防护。至于侧面防护，它是由道岔、信号机以及轨道区段的单个或多个组合元素构成，旨在防止侧面冲突，确保列车运行的安全。

（2）联锁监控区段

联锁系统在铁路信号控制中，通过将区段划分为监控区段和非监控区段，有效地提升了建立进路的效率。

在铁路联锁系统中，进路的设置过程中，系统会明确区分监控区段与非监控区段，以优化进路的排列效率。当进路被确立后，如果列车尚未完全驶离监控区段，则该进路不会被重新设定。然而，一旦列车由监控区段驶入非监控区段，即便非监控区段还未完全解锁，进路仍可重新排列，且信号可以正常显示。

具体到无岔进路，监控区段被定义为从始端信号机后开始的两个区段，超出这部分则被视为非监控区段。对于有岔进路，监控区段起始自进路的首个轨道区段，延伸至最后一个道岔区段之后的区段，剩余部分则属于非监控区段。监控区段的长度需要足够，以确保列车可以在此区间内完成驾驶模式的转换。

以下是详细的设计：

当列车通过监控区段后，它会自动切换到 ATO（自动列车驾驶）模式或 SM（半自动列车驾驶）模式，此时列车的追踪保护由 ATP 系统负责。

在故障情况下，以下是处理方式：

如果监控区段出现故障，信号系统将会受到限制，只能达到非监控层或引导层。

相反，如果故障发生在非监控区段，信号依然可以正常开放。

在以下安全设计中：

若列车在 SM、ATO 或 AR（自动运行）模式下运行，遭遇故障区段时，由于 ATP 的保护，列车将在进入故障区段前的区段自动停车，这确保了运行的安全性。

这种设计不仅提高了进路排列的灵活性，同时也通过 ATP 系统的保护功能，确保了列车运行的整体安全。

（3）保护区段

保护区段，也称重叠区段，是铁路信号系统中的一个重要组成部分，它的设计初衷是防止列车在无法正常停车的情况下冲出信号机，从而避免可能对列车安全造成威胁的事故。

在进路的设置中，保护区段可以与进路同时建立，也可以根据需要延时设置。对于较短的进路，保护区段一般会与进路同步建立，以确保列车有足够的安全缓冲区域。而对于较长的进路，为了避免影响其他列车的正常运行，保护区段的设置可以通过目的轨的占用来触发，实现延时建立。

在多列车运行模式下，如果没有设置保护区段，进路的防护信号机在满足安全条件后可以正常开放，允许列车进入进路。

若 SICAS 联锁系统无法提供所需的保护区段，或者其侧向防护条件未能满足，ATP 系统将独立计算并设定自己的保护区段。在这种情况下，列车会在接近终端信号机前的特定距离内停车，这个距离由 ATP 系统根据安全要求计算得出，以确保列车的安全。

保护区段的解锁机制设计有一个固定的延时，从保护区段的接近区段被占用开始计时，通常这个延时默认为 30 秒，以确保列车有足够的时间做出反应并安全停车。这种设计为列车提供了额外的安全保障，增强了铁路信号系统的安全性和可靠性。

（4）侧面防护（侧防）

在 SICAS 联锁系统中，对于道岔的处理采取了单动道岔的方式，系统中并没有联动道岔的概念。该系统的进路排列安全机制主要依赖于侧面防护，这一机制通过确保相关道岔和信号机在符合联锁规则的位置上被锁定，从而阻止其他列车从侧面进入进路区域，保障列车安全运行。

侧面防护还可以通过主体信号机显示禁止信号的方式来实现，这通常适用于进路需要侧面防护的方向。

在排列进路的过程中，首先确定的是一级侧面防护，也就是道岔的防护。一旦一级侧面防护得到确认，接下来确定的是二级侧面防护，即信号机的防护。如果一级侧面防护无法实现，信号机将承担起侧面防护的职责。

这种侧面防护机制的设置，确保了 SICAS 联锁系统在没有联动道岔概念的情况下，依然能够通过有效的道岔和信号机防护措施，保障列车进路的安全。

（5）进路的解锁

在 SICAS 联锁系统中，进路的解锁过程严格遵循一种与国内铁路集中联锁类似的"三点检查"机制。当列车完全驶离进路后，该进路的后方元素便会启动自动解锁程序。针对人工取消多列车进路的情况，系统设定了明确的前提条件：首先，进路的初始轨道电路必须处于空闲状态。进一步，若接近区段显示逻辑空闲，进路会立即解锁；若非空闲，则系统会实施延时解锁，进路将在 60 秒计时完毕后自动解锁。

在处理多列车进路时，若进路已排出且列车正在运行，人工取消操作会受到严格限制。此时，仅能取消最近一次排列的进路至前行列车位置的部分。待前行列车通过后，剩余的进路将自动完成解锁。

解锁完成后，涉及的侧防道岔、侧防信号机以及保护区段也将同步解锁。这一系列解锁机制的设计，旨在确保进路在列车运行结束后的及时释放，同时维持列车运行过程中的安全标准。

通过这种方式，SICAS 联锁系统实现了高效的进路管理，既保证了列车运行的连续性，也确保了进路的安全解锁，为列车的顺利运行提供了有力支持。

第二节　列控设备

一、闭塞的基本概念

（一）闭塞

1. 概念

闭塞是铁路信号系统中的一个核心概念，旨在确保列车在区间运行的安全性。由于列车具有高速、大质量、长制动距离的特性，且在区间内无法进行避让，因此必须通过技术手段来保障列车的安全运行。

铁路车站之间的线路被称为站间区间。在双线铁路上，通过信号机将站间区间划分成多个闭塞分区。列车在区间内运行时，单线区段将整个站间区间作为行车间隔，而双线区段则以闭塞分区作为行车间隔。在每个行车间隔或闭塞分区内，同一时间内只允许一列车运行。

这种通过空间间隔来保证列车安全运行的技术方法被称为行车闭塞法，简称闭塞。为了实现列车在区间的安全运行，必须在列车进入站间区间或闭塞分区前，确认该区间或分区处于空闲状态，并获取相应的行车凭证。这些条件得到满足后，列车方可驶入，随后该区间或分区将被置于闭塞状态，阻止其他列车进入。

实现上述功能的设备被称为闭塞设备，它通过自动化监测和控制手段，确保列车在铁路线上的安全运行。闭塞设备的应用，使得铁路运输系统能够有效地管理列车流量，降低事故风险，提高运输效率和安全性。

2. 闭塞的应用

我国铁路早期曾使用电气路签（路牌）闭塞方式，这种闭塞方式依赖人工交接行车凭证，效率较低，已基本被淘汰。目前，在铁路单线区段，普遍采用的是 64D 型继电半自动闭塞。

在采用 64D 型继电半自动闭塞设备的区段，车站在发出列车前，需要与邻站人工办理闭塞手续。闭塞手续办理完毕后，才能开放出站信号。列车将出站信号的允许显示作为进入区间的行车凭证。列车出发后，信号自动关闭，区间自动转为闭塞状态，此时双方车站均不能再办理闭塞手续或向区间发出列车。

列车到达接车站后，需要由车站人工确认区间空闲，然后办理闭塞设备的复原手续。64D 型半自动闭塞设备的主要缺点在于缺乏区间空闲的自动检查设备，因此需要人工确认区间空闲。

3. 电话闭塞

电话闭塞法是一种传统的铁路行车方法，指通过车站之间的电话联系来办理闭塞手续。在这种方法中，电话记录号作为确认闭塞区间空闲的凭证，路票作为列车占用区间的凭证，而车站值班站长或指定的胜任人员的发车手信号则作为发车凭证。

例如，某城市轨道交通公司规定，在以下情况下，经过值班主任的批准，可以采用电话闭塞法来组织行车：

当正线的某个或某些联锁区的联锁设备出现故障时。

当正线的某个或某些联锁区在 ATS 工作站和车站 ATS/本地控制工作站（LCW）上同时失去监控功能时。

当正线车站与车辆段的信号设备发生故障，导致联锁失效，或者正线与车辆段的信号接口出现故障时。

其他需要采用电话闭塞法组织行车的情况。

电话闭塞法是在自动化闭塞设备无法正常工作时的一种备用行车组织方式，它要求车站之间进行密切的沟通和协调，以确保列车安全运行。尽管这种方法较为传统，但在特定情况下，它仍然是确保铁路运输安全的有效手段。

（二）固定闭塞

固定闭塞系统，也被称为分级速度控制或阶梯式速度控制方式，它定义了一种列车间隔的安全机制，其中前方列车与追踪列车之间的最小安全追踪间隔是预先设定且不可变动的。这种闭塞方式基于固定的轨道区段划分，这些区段提供了分级的速度信息，从而实现台阶式的速度监管，引导列车从最高速度逐级减速至停止。若列车出现超速，系统将自动触发最大常用或紧急制动。

在列控系统中，固定闭塞通过设定不同的闭塞分区数量来适应不同的速度等级。在这种系统中，追踪列车的目标点是前行列车占用的闭塞分区起点，而追踪列车开始减速的点也是固定闭塞分区的起点。由于这两个点以及它们之间的空间间隔长度是固定的，因此形成了所谓的"固定闭塞"，这确保了列车运行的安全间隔和有效的速度控制。

采用固定闭塞方式的自动列车控制（ATC）系统具有设备构成简单、投资成本低、性能可靠等优点。不过，固定闭塞使用的轨道电路传输的是模拟信号，抗干扰能力相对较弱。此外，由于轨道电路传输的信息量有限，速度信息划分为若干等级，因此采用阶梯式速度控制方式的 ATC 系统控制精度不高，不易实现列车优化和节能控制，这也限制了行车效率的提升。

（三）移动闭塞

移动闭塞技术是一种更为灵活的列车间隔控制方式，其中前方列车与后续列车之间的最小安全追踪间隔并不是事先固定的，而是随着列车运行时的位置和速度实时变化。与固定闭塞不同，移动闭塞不设定固定的闭塞分区，也不依赖轨道电路或计轴设备来监测列车是否占用了某个分区。在这种系统中，ATC 通过无线通信实现列车与地面之间的双向数据交流。

轨旁的 ATC 设备会实时计算控制区域内的列车位置、速度以及其他关键信息，以此来确定列车的移动授权。这些移动授权信息随后通过无线通信传递给列车。车载 ATC 设备接收到这些信息后，会结合列车的自身运行状态，计算出列车应当遵循的速度曲线。基于这些数据，系统将自动对列车的牵引、巡航、惰行以及制动进行控制，确保列车安全、有效地运行。

移动闭塞系统是现代通信、计算机和控制技术相结合的列车控制系统，国际上通常称为 CBTC。移动闭塞同样采用目标距离控制模式，采用一次制动方式。与固定闭塞不同的是，其追踪目标点是前行列车的尾部，并留有一定的安全距离，这个距离与前行列车的走行和速度有关，制动的起始点会随线路参数和列车本身动能的变化而变化。

移动闭塞的主要特点是利用通信技术实现"车—地通信"，并实时传递"列车定位"信息。通过精确的列车定位分辨率来提高安全性和增加运能，不需要将区间划分为多个闭塞分区，而是采用无线通信和无线定位技术自动调整两列车的运行间隔，可以允许多列车安全占用同一区域，使列车之间保持最小"安全距离"进行追踪运行。该安全距离是后续列车安全行车间隔停车点与前行列车尾部位置之间的动态距离。

由于移动闭塞制式下，列车安全行车间隔停车点比准移动闭塞和固定闭塞更靠近前行列车，因此追踪间隔更小，在保证安全的前提下，可以显著提高区间通过能力。此外，由于减少了轨旁设备的数量，降低了设备投资、运营及维护成本。

在固定闭塞和移动闭塞之间，还存在一种准移动闭塞。准移动闭塞基于闭塞分区（或轨道区段）和车—地无线通信技术，前方列车与后续列车之间的最小安全追踪间隔距离预先设定且固定不变，并根据前方目标状态设定列车的可行车距离和运行速度。它采用目标距离控制模式，采用一次制动方式，其追踪目标点是前行列车所占用闭塞分区的入口，并留有一定的安全距离。

在传统普速铁路的信号系统中，铁路线路被明确划分为车站和区间两部分，闭塞设备属于区间信号设备。而在高速铁路和现代城市轨道交通的信号系统中，闭塞设备已经不再是独立的设备，而是成为列控系统的一部分，为列控车载设备提供信息。

（四）列车运行

1. 列车运行控制

ATO 的核心功能集中在列车的精确定位和速度控制上，这些功能共同作用以确保列车能够精准停车、减少追踪间隔，并实现能源节约。为了适应多变的轨道条件，ATO 系统综合运用了位置、速度和加速度传感器。加速度传感器尤其对于检测和校正列车的空转和滑行至关重要。在发生空转或滑行时，系统会利用此前的速度数据和加速度信息来调整，以准确计算列车的当前速度和位置。空转或滑行结束后，系统将重新依赖速度传感器来测量速度和位移。为了提升乘客的舒适度，ATO 系统还会特别控制急加速带来的冲击。

在铁路运输中，ATO 的站停控制功能依赖于 ATS 提供的运行图。该系统通过中央控制器来执行车站的停靠程序，自动实现列车在正方向上的精准停靠。这个过程涉及使用传感器和站台信标，它们提供的位置数据帮助列车准确行驶到停车点。

ATO 系统在站停控制方面，严格按照 ATS 提供的运行图，通过中央控制器来精准执行每个车站的停靠。列车通过传感器获取位置信息，并结合站台信标的数据，确保精确对标停车。在执行跳停控制时，中央控制器会在前一站接收 ATS 的跳过指令，指导列车直接通过指定站点。至于扣车控制，当列车停稳后，中央控制器会维持零速度状态，等待 ATS 的指令。扣车发生时，车门保持开启，直到人工指令取消。

列车在停靠时，位置数据启动停车曲线，而中央控制器在跳停时接收指令，使得列车能够不停靠通过站点。在扣车控制中，一旦 ATS 发出"关门"指令，中央控制器则会保持列车扣留，直到进一步的指令释放。这一系列控制确保了列车运行的安全和效率。

2. 驾驶模式

ATC 系统为列车驾驶提供了 AM（调车模式）、SM（受监控的人工驾驶模式）、RM（受限制的人工驾驶模式）、NRM（非限制式人工驾驶模式）等不同的驾驶模式。有的信号系统在具体应用中，将其细化为：

（1）ATO 模式

当驾驶模式选择开关置于"ATO 模式"时，车载信号设备将全面接管列车的运行控制，包括自动加速、巡航、惰行、制动、实现精确停车，以及自动开关车门或屏蔽门和执行折返操作，这些过程均不需要司机的介入。

在对列车门的控制上，车载信号设备提供了多种工作模式，包括自动开闭、自动开手动关以及手动开闭，其中手动操作总是优先于自动控制。在列车停站供乘客上下车并关闭车门之后，一旦系统检测到"车门关闭且锁紧"的信号，司机只需按压"启动"按钮，车载信号设备就会自动启动列车，使其离开站点。

此外，车载信号设备会持续监测列车的运行速度，以确保安全。如果列车速度超过预定速度，设备会自动应用常用制动；若速度进一步超过最大允许值，则会触发紧急制动。在紧急制动被激活的情况下，制动不会自动解除，必须等到列车完全停止。此时，司机需要检查设备状态，并在确认无误后，通过按压"启动"按钮来人工解除紧急制动状态。之后，车载信号设备才能重新启动列车，并继续按照 ATO 模式运行。这种设计确保了列车在自动运行模式下的安全性和可靠性。

（2）ATP 模式

当驾驶模式选择开关设置在"ATP 模式"时，列车的所有运行操作，包括起动、加速、惰行、减速和制动停车，都需由司机手动控制。在这种模式下，车载信号设备的角色转变为对列车的实际运行速度进行连续监控，这种模式在一些系统中被称为编码模式。

车载信号设备会密切监督列车速度，当列车速度接近预设的速度安全限制曲线时，设备会发出声光报警，提醒司机采取相应措施。如果列车速度继续上升并超过最大允许速度值，车载信号设备将自动启动紧急制动程序。

尽管列车的精确停车和车门的开关操作由司机负责，但开门操作必须在列车准确停靠并且车载信号设备确认列车已经停稳后才能执行。只有在接收到车载信号设备的车门释放信号时，司机才能安全地开启车门，确保乘客的安全上下车。这种设计旨在强化列车运行的安全性，同时给予司机必要的操作控制权。

（3）点式 ATO 模式

当驾驶模式选择开关处于"点式 ATO 模式"位置时，车载信号设备在点式 ATP 的安全防护下，实现与自动模式相同的监控功能。这意味着列车能够自动运行，并且车载信号设备将持续监控列车的安全运行状态。

在该模式下，车门/屏蔽门的关闭需要司机进行人工确认和操作。对于车门的控制方式有两种选项：

自动开/人工关：车门可以自动打开，但在关闭时需要司机手动操作。

人工开/人工关：无论是开门还是关门都需要司机手动操作。

简而言之，在点式 ATO 模式下，列车能够在保证安全的前提下自动运行，而车门的控制则需要司机的人工介入。

（4）点式 ATP 模式

驾驶模式选择开关处于"点式 ATP 模式"位置时，车载信号设备只根据接收到的点式有源应答器所发出的信息，生成当前列车位置至下一个停车点的列车速度安全监控曲线，实现车载信号设备对列车实际运行速度的监控。

（5）限制人工驾驶模式

当驾驶模式选择开关处于"限制人工驾驶模式"位置时，列车的运行操作由司机人工控制。车载信号设备仅对列车的运行速度设置一个上限（例如 25 km/h），并对列车的速度进行连续监控。当列车速度接近这个上限时，车载信号设备会给出声光报警提示。如果列车速度仍然超过限速，系统将自动启动紧急制动，以确保列车安全停车。

在这种模式下，列车的精确停车和开/关车门操作由司机控制。开车门的操作需要在列车完全停稳并且停在正确的位置时才有效，此时车载信号设备会给出（左或/和右）车门释放信号，司机才能执行开车门的操作。

（6）非限制人工驾驶模式

当驾驶模式选择开关置于"非限制人工驾驶模式"，列车的运行完全由司机负责，包括起动、加速、减速、制动停车等所有操作。在这种模式下，车载信号设备不再监控列车的实际运行速度，同时丧失了所有超速防护功能。

非限制人工驾驶模式不包括在 ATC 的驾驶模式之内。要实现这种模式，司机需使用旁路开关来阻断 ATP 系统的常用制动、紧急制动和车门控制的输出，从而断开超速防护设备的制动输出。

在非限制人工驾驶模式下，司机不仅负责列车的精确停车，而且车载信号设备不再对列车是否准确停靠进行监控。此外，车门的开启和关闭操作也完全由司机控制，不再受车载信号设备的任何限制或指令。这要求司机具备高度的警觉性和责任感，确保列车运行和乘客上下车的安全。

（7）关断模式

模式选择开关位于 OFF 档位，关闭车载 ATP 电源，对列车实施连续的紧急制动，防止列车无计划移动，适用于停于停车线上的列车。

3. 折返模式

（1）无司机的 ATO 自动折返模式

自动折返模式是专为线路终点站设计的，允许列车在所有乘客离开后自动完成调头操作。这一模式在无人操作的情况下自动更换列车的运行方向。

在自动折返模式中，一旦列车在终点站完成规定的停车时间并且乘客已经全部离开，同时车门与站台安全门都已关闭，司机可以通过在站台上按压自动折返的 AR 按钮来启动折返程序。此时，列车将无须司机操作，在车载设备的控制下自动执行折返动作，并智能选择正确的驾驶室以适应新的运行方向。

列车在到达的站台启动，自动行驶至掉头区域，并在预定位置准确停车，完成驾驶室的工作状态切换。之后，列车将自动进入发车股道，并在出发站台准确停稳，自动打开车门和站台安全门，为下一次的运行做好准备。

在列车到达出发站台并停稳之后，必须确保司机已经转移到另一端的驾驶室内，列车才能重新启动。这一过程确保了自动折返操作的安全性和列车运行的连续性。

（2）有司机的 ATO 自动折返模式

当列车在折返站规定的停车时间结束及旅客下车完毕，车门和站台屏蔽门关闭后，由司机按压车上相关的折返按钮，列车以 ATO 模式自动驾驶进入折返线，返回发车站台后，自动打开车门和站台屏蔽门。司机在列车折返过程中任何时间均可终止自动折返，关闭本端驾驶台，开启反向端驾驶台，进行人工折返。

（3）有 ATP 监督的人工折返模式

在有 ATP 监督的人工折返模式中，司机使用控制手柄来操纵列车，负责将其驾驶至折返线并执行停车操作。完成停车后，司机需手动关闭当前驾驶端的驾驶台，并激活反向端的驾驶台。随后，司机再次手动驾驶列车，将其引导至发车股道，并在那里进行精确的定位停车。

在这一过程中，司机还需按下开门按钮，以开启列车的车门和站台屏蔽门，确保乘客能够安全地上下车。值得注意的是，尽管司机执行了折返过程中的多项手动操作，列车的运行速度始终受到 ATP 系统的监控，以确保整个折返过程符合安全标准。这种监督机制为列车的运行提供了额外的安全保障，防止因超速或其他违规操作导致的潜在风险。

二、ATP 系统

(一) 车载 ATP

1. 车上设备

车载主机是列车自动控制系统的核心，由 VATP（车载 ATP）、VATO（车载 ATO）及 I/O 电子接口等组件构成。它负责生成速度防护曲线、执行速度监督、输出显示信息，并支持自动驾驶列车的功能。

司机控制台（TOD）作为车载系统与列车司机之间的交互界面，其状态显示单元能够展示列车在运行过程中的关键参数和信息，如当前速度、目标速度、目标距离和驾驶模式等。此外，司机可以通过控制台查询信息和设置参数。控制台还包括用于控制列车运行和车门操作的按钮。

继电器柜在车载 ATP/ATO 系统中扮演着重要角色，它将制动指令从车载系统传递给车辆系统，同时将车辆的状态信息反馈回车载控制单元。继电器单元还充当司机，在控制台输入条件至车载控制单元的接口。

列车提供的电源和辅助设备为车载设备供应所需的电力，包括列车运行模式选择开关、各种电源开关等，以支持列车的正常运行和操作。

2. 车底设备

列车的速度和位置测量是通过一系列高精度设备来实现的，包括信标读取器、测速装置和多普勒雷达：

信标读取器：这一设备用于读取轨道旁的有源和无源信标信息，它不仅提供列车位置的精确校正，还辅助纠正列车轮径的误差。

测速装置：信号系统在列车的车轴上装备了速度传感器和加速度传感器，这些传感器通过测量车轮的转动次数来计算列车的实时速度、行驶距离，并判断列车的运行方向。

多普勒雷达：基于多普勒效应，该雷达用于测量列车对地面的速度，当列车速度超过 5km/h 时，它可以检测车轮的空转和打滑现象，从而纠正因车轮磨损、空转和滑行导致的速度测量误差。

此外，根据信号系统的设计，列车底部可以装备额外的地面信号接收器，用以接收从轨道传递的信号，这包括轨道电路信息和地面环线信息等，以增强列车控制和监控的准确性。

3. 车顶设备

车顶设备主要包括漏缆天线和视距（LOS）天线，它们共同承担着发送列车位置和状态信息、接收来自轨旁天线 AP 的列车控制信号的重要任务。

例如，某地铁公司的列车在隧道内部行驶时，通过车载漏缆天线与轨旁的漏缆天线 AP 进行通信。当列车行驶在高架区段时，则切换至 LOS 天线与地面基站的 LOS 天线进行通信。列车利用轮速传感器和多普勒雷达来连续计算自身的位置，每当经过信标点时，便对位置误差进行重置，并创建虚拟轨道占用信息。

这些信息通过车载无线设备实时传送至轨旁无线设备。区域控制器（ZC）根据接收到的列车位置和虚拟占用信息，计算出列车的移动授权，并使用轨旁无线设备将这些授权连续传送给追踪列车。追踪列车的车载设备接收到这些授权后，会计算出安全速度曲线，并执行自动防护措施，确保列车安全运行。这一过程实现了列车之间安全间隔的自动控制，提高了运行效率和安全性。

（二）ATP 系统的基本功能

ATP 系统是列车安全稳定运行的可靠保障，其基本功能如下。

1. 防止运营列车超速运行

运营列车在线路上运行有多种速度限制，列车运行速度不能超出速度限制值，主要包括：

①线路限制速度。

②列车构造速度。

③道岔侧向限速。

④正线弯道等处的固定限速。

⑤因设备故障、施工而设置的临时限速。

⑥其他限速。

2. 接收和处理来自地面的信息

安装在列车车体上的 ATP 系统设备会实时接收来自轨旁设备的信息，并对这些信息进行实时分析和处理，对列车的运行状态和运行速度进行控制。通常这些信息中包含有列车允许运行的最大速度值、线路位置等列控信息。

3. 防止列车相撞

城市轨道交通的正线运营依赖于多列车同时作业，而 ATP 系统在此过程中发挥着至关重要的作用。它不仅提供了防止列车冲突的安全保障，还有效提升了线路的使用效率，从而增强了城市轨道交通的整体运营能力。

ATP 系统在防止列车冲突方面的功能主要包括：

①避免运营列车与前方列车发生碰撞，确保安全追踪间隔。

②阻止运营列车进入未开通或未授权的进路，保障列车只在正确的路径上运行。

③防止列车超出线路尽头，避免尽头线冲突。

④禁止运营列车进入已经被封锁的区段，以应对紧急情况或施工维护。

⑤避免运营列车驶入存在故障的进路，确保列车运行在安全无故障的轨道上。

通过这些功能，ATP 系统确保了列车运行的安全性，提高了线路的运输效率，并为城市轨道交通的顺畅运营提供了有力支持。

（三）ATP 系统的工作原理

车载 ATP 系统是铁路安全运行的关键技术之一，它通过多种传感器和通信技术来确保列车的安全和高效运行。

车载 ATP 系统利用速度传感器和多普勒雷达技术，对列车的速度和行驶距离进行实时监测，并通过测速装置累计列车的行驶里程。为了校正里程计的累积误差，系统在轨道沿线的固定位置设置了应答器，以获取列车的初始位置信息，并对列车的定位进行精确校正。

通过初始定位和持续的行驶距离测量，结合电子地图，车载 ATP 系统能够实现列车的连续定位。系统接收地面信息的方式有两种：在 CBTC 级别下，车载 ATP 系统通过高效的双向无线通信系统，实时向 ZC 报告列车位置，并接收由 ZC 计算的移动授权；而在点式级别下，车载 ATP 系统通过可变数据应答器或应答器环线接收移动授权信息。

车载 ATP 系统内部存储了完整的电子地图，包括全线的线路状态和固定限速信息。根据列车的实时位置和接收到的移动授权信息，车载 ATP 系统能够基于速度距离曲线的安全制动模型，计算出紧急制动触发曲线，并对列车速度进行实时监控和控制，以防止超速或越过授权终点。

此外，车载 ATP 系统还能够根据移动授权信息的来源，管理列车的运行级别，并根据列车的实时状态，灵活切换列车的驾驶模式。系统支持多种驾驶模式，包括 ATO 自动驾驶模式、基于 ATP 防护的人工驾驶模式，以及在特定情况下限制人工驾驶的模式，确保列车运行的安全性和灵活性。

三、ATO 系统

(一) ATO 系统概述

当列车采用人工驾驶模式时，司机通过操作驾驶手柄来控制列车的加速、减速和停车，实现对列车运行的直接控制。而 ATO 则专注于实现高质量的自动驾驶，通过地对车控制提高列车运行的效率和舒适度，同时节约能源。与 ATP 系统提供的安全保障相比，ATO 是提升城市轨道交通运行水平的重要技术手段。

ATO 的车载设备通过对列车的运行计划及实时数据的综合分析，包括运行速度、线路的限速以及目标速度，计算出所需的牵引或制动力量。该系统通过列车接口电路精确指导牵引与制动系统，实现对列车的精准加速与减速。

ATO 系统在自动驾驶模式下，依赖 ATP 系统和 ATS 系统的协同工作。ATP 系统负责提供关键的运行信息，如速度、限速和列车位置，而 ATS 系统则提供列车运行的作业与计划数据。在 ATO 系统的精确控制下，列车维持最优运行状态，平稳性提升，同时提高运营效率与降低能源消耗。此外，ATO 系统确保了列车在站台的精准对位，方便乘客上下车，同时这种精确停车也支持了站台安全门或屏蔽门的安装，大幅提升了乘客的安全水平。

ATO 系统通过其高级控制功能，不仅确保了列车按计划精准运行，还通过精确的控制手段，使得整个运营过程更加高效和安全。

ATO 系统是城市轨道交通中不可或缺的技术，它不仅提升了列车运行的自动化水平，还为乘客带来了更加舒适和安全的乘车体验。

(二) ATO 系统设备的组成

ATO 系统是非故障安全系统，包括车载 ATO 模块、ATO 车载天线、人机界面。

1. 车载 ATO 模块

车载 ATO 模块通过与 ATP 子系统的高度协同工作，实时捕获列车的运行速度和具体位置等核心信息。该模块的软件部分对这些关键数据进行即时处理与分析，以此来计算列车在当前状态下所需的牵引或制动力量。计算完成后，ATO 模块会向列车的牵引与制动系统发出精准的控制指令。一旦这些系统接收到指令，它们便会立刻响应，执行相应的牵引或制动动作，从而实现对列车动态的精确控制。

车载 ATO 系统组件与 ATP 系统紧密配合，不断收集包括列车速度和位置在内的关键运行数据。其内置软件对这些信息进行连续的分析与处理，以便准确决定列车在行驶中需要的牵引或制动强度。基于这些分析结果，ATO 模块向列车牵引和制动系统发出控制指令，系统在接令后即时执行，确保列车的实时动态控制得以精准实施。

车载 ATO 模块与列车的牵引和制动系统协同工作，确保列车在站台区域能够实现精准对位停车，这不仅提高了乘客上下车的便利性，也为站台安全设施的安装提供了支持。

尽管车载 ATO 系统主要承担非安全功能，并未采用冗余设计，但整个系统的安全性设计确保了即使在 ATO 模块发生故障时，也不会影响列车的正常运行。如果列车处于人工驾驶模式或不满足 ATO 启动条件，ATP 系统能够自动切断 ATO 的所有输出，确保 ATO 不会干扰司机的驾驶操作。同样，当 ATO 设备在运行中出现故障，ATP 系统也会立即切断其控制权，以保障列车运行的安全性。

通过这种设计，车载 ATO 系统不仅提高了列车运行的自动化和效率，同时也确保了在任何情况下都能保障乘客和列车的安全。

2. ATO 车载天线

（1）从列车向地面发送的信息

车载 ATO 系统通过其配备的天线向地面的 ATS 系统传送一系列重要信息，这些信息涵盖了列车的识别号以及运行状态的关键数据。其中，列车的识别号信息包括车组号、车次号以及目的地编码等核心标识。同时，系统还会传递列车的运行方向、车门的开闭状态、车轮的磨损程度、车轮是否有打滑或空转现象、车载 ATO 模块的工作状况以及所有相关的警报信息至 ATS 系统。这一系列数据传输对于 ATS 系统至关重要，它允许系统实时监控列车运行，从而保障轨道交通系统的安全性以及运行的高效性。

车载 ATO 模块利用其车载天线，向地面 ATS 系统传递多种关键信息，包括但不限于列车的识别号与运行状态。识别号信息涉及车组号、车次号和目的地编码等重要标识。同时，列车还会向 ATS 系统报告其运行方向、车门状态、车轮磨损情况、是否有打滑或空转以及 ATO 模块状态和任何报警信息。这些详尽的信息使得 ATS 系统能够持续监控列车状态，维护整个系统的安全与效率。

（2）从地面向列车 ATO 车载设备发送的信息

从地面向列车 ATO 车载设备发送的信息有列车开关门命令、列车车次号确认、列车测试指令、门循环测试、主时钟参考信号、跳停/扣车指令和列车运行等级等。

3. 人机界面

列车司机通过人机界面可以将列车运行的模式选择为"ATO"，起动列车在 ATO 模式下运行。

（三）ATO 系统的基本功能

1. 车站发车控制功能

在 ATO 模式下，列车司机通过按压发车按钮启动列车运行。ATO 系统根据 ATP 系统提供的控制速度和 ATS 系统指定的运行等级来自动控制列车到达下一个车站。为了确保安全和顺畅运行，在 ATO 自动模式下，列车从车站出发前必须满足一系列条件，包括但不限于：

①ATO 模块与 ATP 模块之间通信正常；

②具备有效的列车运行目的地代码；

③存在有效的司机代码；

④在出发前的测试过程中未检测到任何故障；

⑤列车所在的轨道电路能够支持 ATO 模式的建立；

⑥满足其他必要的操作条件。

这些条件确保了 ATO 模式下的列车能够在保证安全的前提下实现自动化运行。

2. 车站精确停车

ATO 系统中的精确停车功能是确保列车在车站站台精准对位的关键，这一功能显著提升了运营效率并优化了乘客的上下车体验。实现这一精确停靠，ATO 车载模块必须与列车自身的牵引和制动系统紧密配合，在整个停车过程中发挥作用。接近站台时，ATO 模块不断对比列车速度与既定目标值，并据此向牵引和制动系统发出调整指令，以保证列车准确停在既定位置。提升停车精度，站台可安装轨道环线等辅助定位设备，同时精确停车也支持安装屏蔽门或安全门，这些措施对增强乘客安全与提升乘车舒适度起着至关重要的作用。

3. 列车自动折返

在 ATO 模式下，列车能够自主执行自动折返作业，该过程涉及列车在运营线路终端无须人工干预即可自动变换运行方向，并移动至下一个出发站台。在此过程中，列车的控制面板会被锁定，避免任何手动误操作。一旦列车获得自动折返的许可，它会进入 AR 模式，司机需通过 MMI 进行授权确认。只有在站台操作 AR 按钮后，列车才开始自动折返流程。轨旁的 ATC 设备提供引导数据，确保列车安全精准地完成折返。列车抵达指定站台，ATC 车载设备会自动结束 AR 模式，列车随后准备接收下一批乘客的搭乘。

4. 执行跳停和扣车功能

在城市轨道交通系统中，有两种特殊的操作模式用于调度和管理列车运行：跳停作业和扣车作业。

跳停作业是指在线路上运营的列车，在特定情况下，如因运营需求调整或某些车站临时关闭等，会在某一指定车站不停车，而是以规定的速度通过该车站。当 ATO 系统接收到 ATS 系统发出的跳停指令后，它会控制列车按照指示完成跳停作业。

扣车作业则是指列车在某一站台停靠时，ATS 系统可能会发出指令要求列车暂时停留在该站台，不允许其继续运行。这通常是为了调整列车运行间隔或是处理突发情况。当 ATO 系统接收到 ATS 系统的扣车指令后，它会控制列车停留在站台，直到收到新的指令允许列车继续运行。这两种操作都是通过 ATS 系统的中央控制来实现的，以便于灵活应对不同的运营需求。

5. 控制车门

在城市轨道交通系统中，车门的开闭控制是一项关键的安全功能。车门的操作由 ATP 系统监督，并且需要满足一定的安全条件才能执行。当 ATP 系统确认满足开门条件后，它可以给出开门命令。此时，车门既可以由 ATO 系统按照预设程序自动打开，也可以由司机手动打开正确的那一侧车门。然而，车门的关闭操作则必须由司机来完成。

车门打开功能的触发基于几个输入信号：来自 ATP 功能的车门释放信号、列车的运行方向、打开车门的数据，以及来自 ATS 系统的列车目的地号。特别是当列车处于空车运行状态时，ATS 系统发送的特定目的地号能够阻止车门被打开，确保在不需要上下乘客的情况下，车门保持关闭状态，从而提高运营效率并保证行车安全。

（四）ATO 系统的工作原理

1. 列车自动驾驶

在现代化的城市轨道交通体系中，ATO 系统的作用不可小觑，它通过提升运营效率和安全标准来优化列车运行。该系统内置了详尽的轨道图和坡度信息，以此为基础优化控制指令，确保列车在 ATP 系统的监管下，以最大安全速度平稳前行。ATO 通过地面的 ATP 设备获取信息，以确定轨道状态和前车位置，进而计算最优行驶路径。

ATO 系统在执行任务时，利用闭环反馈控制系统，它接收 ATP 数据和运营数据来形成基准输入。测速单元提供实时位置信息，ATO 据此控制列车遵循预设的速度曲线。随着列车接近制动点，ATO 自动激活常用制动，确保列车按照制动曲线精准停车，这一整个过程体现了 ATO 的高度自动化和安全性能。

2. 车站程序停车

在城市轨道交通系统中，正线上的各个车站都设有预先确定的停站时间间隔，这是为了确保列车运行的高效性和准时性。控制中心的 ATS 系统负责监督整个列车时刻表，并计算出每个车站所需的停站时间，以此来保证列车能够按时抵达下一个车站。

此外，集中站的 ATS 系统还具备向列车发送跳停命令的能力，这意味着在某些特殊情况下，如调度需求或其他运营考量，ATS 可以指示列车不停靠某个或某些车站直接通过，以维持整条线路的服务质量和运行效率。

3. 车站定位停车

在城市轨道交通系统中，为了实现列车在车站的精确停车，采用了一系列的技术措施。首先，在车站区域内，通过轨道电路标识来确定停车特征的合适起始点，即列车开始减速准备停车的位置。此外，轨道电路的分界过渡以及轨旁 ATO 环线的变化提供了距离分界，这有助于列车实现高精度的定位。

一旦停车特征启动，ATO 系统会根据列车的速度、预先设定的制动率以及与停止点的距离来计算合适的制动特征。制动率调整值是由轨旁 ATO 系统提供的，并且可以在运营控制中心（OCC）或车站控制室（SCR）中进行选择和设置，以适应不同的运行条件和安全要求。

当列车完成停车后，ATO 系统会自动施加制动以防止列车发生任何意外移动，从而确保乘客的安全上下车过程。在整个过程中，ATO 系统不仅确保了列车的准确停车，也保障了列车运行的安全性和可靠性。

4. 车门控制

在城市轨道交通系统中，列车停站及车门控制的过程遵循一套严格的程序以确保乘客安全和服务质量。以下是列车停站过程的详细步骤：

列车接近车站时，其车辆定位接收器通过列车定位天线接收到站台定位发送器的停站信号。ATO 系统在确认列车已经到达指定的定位区域内并完全静止后，会向 ATP 系统发送"列车停站"信号。ATP 系统在检测到列车速度降至零后，通过列车定位发送器向地面站台定位接收器发送 ATP 列车停车信号。站台接收器接收到此信号后，进行译码处理，并触发地面"列车停站"继电器工作，以实现列车精确停车。

车站轨道电路 ATP 发送器随后会发送允许开门信号至列车。列车在接收到允许开门信号后，激活相应的门控继电器，并通过广播提示及信号显示告知乘客车门即将开启。此时，司机需要根据信号显示的操作指令按压与之匹配的门控按钮，从而打开对应一侧的车门。

车辆定位发送器接着发送打开屏蔽门的信号。站台定位接收器接收到该信号后，屏蔽门继电器发出动作，使得与列车车门相对应的屏蔽门开启。停站时间结束后，地面停站控制单元启动车站 ATP 模块，轨道电路停止发送开门信号，导致门控继电器落下。此时，司机需按压关门按钮，关闭车门，同时车辆停止发送打开屏蔽门的信号。

当车站工作人员确认屏蔽门已关闭并锁好后，允许 ATP 系统向轨道电路发送运行速度命令信息。列车接收到速度命令后，检查车门确实已关闭并锁好，ATP 发车表示灯亮起，列车依据车载 ATP 收到的速度命令进行出发控制。

这一系列的步骤确保了列车在车站的精准停靠以及安全、有序的车门操作流程，体现了现代化轨道交通系统的高效与可靠性。

5. 地—车数据交换

在城市轨道交通系统中，列车与轨旁设备之间虽然被认为是非安全通信链路，但轨旁设备扮演着连接控制中心与列车的重要角色，负责关键数据的交互。列车向轨旁设备发送的信息涵盖了诸多方面：列车被分配的编号、目标终点站、车门的状态、车轮的磨损情况、列车接近车站时因制动导致的车轮过度滑动，以及在紧急情况下或出现异常事件（如错误的车门开启）时的信息传递。

与此相反，轨旁设备向列车发送的数据包含了列车管理与运营的各种指令和信息：控制车门的开启命令、对列车编号的确认、提供列车长度的相关信息、执行车辆性能调整的指令、发起车辆启动前的测试命令、执行车门周期性的测试指令、传输用于校准的时间基准信号、下达列车跳过特定站点的指令、执行列车暂停命令、提出请求获取车载系统状态及更新报警状态等。这些双向的信息交换是确保列车安全、高效运行的基础。

通过这些双向数据交换，控制系统能够实时监控列车状态并确保其安全高效运行。

第三节　车站信号及通信设备的应用

一、车站行车值班员岗位要求

（一）岗位工作标准

1. 岗位职责

在轨道交通车站的日常运营中，车站工作人员需遵循一系列规章制度和操作流程，以确保行车安全和服务质量。

遵守规章制度：严格遵守分公司、部门、中心及车站制定的各项规章制度，确保指令的严格执行和禁令的严格遵守。

车站行车管理：在值班站长的领导下，全面负责车站的行车管理工作，确保行车安全和效率。

服从调度指挥：遵循行车调度员的指挥和命令，严格按照列车运行图组织行车，确保列车运行的有序和准时。

熟悉设备操作：严格执行作业程序，熟悉行车设备的性能和操作方法，确保设备的正确使用和维护。

监控乘客动态：控制车站广播系统，密切关注监视屏，及时掌握站台乘客的动态，确保乘客安全和秩序。

人工排路：在 ATS 车站终端停用时，负责现场的人工排路工作，确保行车不受影响。

设备维护记录：在非运营时间，负责巡道和设备维修的登记及销记手续，确保设备维护的及时性和记录的准确性。

设备备品管理：妥善保管和使用行车设备的备品，正确填写各种行车日志，确保记录的清晰和准确。

代理站长职责：值班站长不在车站控制室时，代理其职责，确保车站管理工作的连续性和有效性。

完成临时任务：及时完成上级领导临时交办的任务，以及与其他部门协作的工作，确保各项工作的顺利进行。

通过这些职责的严格执行，车站工作人员能够确保车站运营的高效和安全，为乘客提供优质的服务体验。

2. 工作内容

车站工作人员承担着确保车站运营安全和效率的重要职责。

车站工作人员需密切监视车站内包括行车、客运和票务在内的各类设备运行情况。一旦发现设备或设施出现故障，应立即向相关维修部门报告，并在《车站设备、设施故障登记本》中详细记录故障情况，以便于后续的维修跟进。

在车站行车管理方面，工作人员负责通过闭路电视（CCTV）系统监控列车的到达和出发情况，同时关注乘客的动态。此外，还需定期检查车站内的各路视频录像，并根据规定进行广播，以确保信息传达的及时性和准确性。

面对突发事件或事故时，工作人员需迅速操作车站控制室内的相关设备，按照值班站长的指示执行应急处理程序，以确保乘客的安全和事件的妥善处理。

对于联锁站的行车值班员而言，他们负责通过车站信号系统监控管辖区内列车的运行情况，并根据行车组织的需要，在车站信号系统上办理本联锁区段的行车工作，确保列车运行的顺畅和安全。

在施工管理方面，车站工作人员需严格执行施工请销点登记手续，并监督施工安全防护措施的落实，使用《车站施工登记本》记录施工作业的详细信息，以确保施工期间的安全和车站的正常运营。

通过这些细致的工作，车站工作人员为乘客提供了安全、有序的乘车环境，同时也保障了车站运营的高效和顺畅。

（二）非正常情况下车站行车组织

1. 中央 ATS 系统故障

在中央 ATS 系统出现故障或需要时，车站将迅速获得联锁控制权，并切换到本地 ATS 系统进行监控。此时，行车值班员或值班站长需加强监督，确保列车在联锁区段的运行安全，一旦发现任何问题，将立即按照规定程序进行处理，并迅速向行车调度员报告情况。

如果 ATS 系统无法自动排列进路，行车调度员将立即进行人工干预，确保列车运行不受影响。在车站控制模式下，值班员将负责执行人工操作。对于非安全相关的命令，可以在中央 ATS 系统上直接操作，而所有安全相关的命令在执行前，都必须经过行车值班员的安全确认，以确保操作的安全性和准确性。

对于非联锁站，工作人员需要加强对站台的监控，一旦发现任何异常或问题，必须立即向所属联锁站和行车调度员报告，以便及时采取相应措施。这一系列措施确保了即使在中央 ATS 系统出现问题时，车站运营仍能保持安全和有序。

2. 电话闭塞

在轨道交通运营中，联锁故障或信号接口问题可能导致中央和车站工作站无法监控线路运行车辆。面对这种情况，值班主任将决定在故障区域及其相邻车站间采用电话闭塞法组织行车。在电话闭塞法下，行车指挥权归车站所有，每个闭塞区段（一站两区间）只允许一趟列车占用，发车凭证为路票和车站发车信号。此时，各车站不得办理通过列车，相邻车站间的接发车作业必须通过行车专用电话进行。

在执行电话闭塞法的区段，道岔的优先锁闭方式是通过 ATS 工作站电子锁闭，如果电子锁闭不可用，则车站人员需现场确认进路正确后，使用钩锁器锁定道岔。闭塞区段内发出的首列车以 NRM 模式限速 25 km/h 运行，而后续列车则以 NRM 模式限速 45 km/h 运行。

此外，电话闭塞法组织行车时，两端折返站原则上按调车方式组织列车站后折返。在折返作业中，列车按调车方式限速 15 km/h 运行。司机与车站人员需共同确认线路安全及道岔位置正确，凭车站人员发出的道岔开通信号进行折返作业。这一系列措施确保了在特殊情况下列车运行的安全和有序。

3. 人工排列进路

在轨道交通系统中，人工准备进路是一项关键的安全操作，特别是在自动化系统出现故障或需要时。以下是对人工准备进路操作的详细描述：

在需要人工进行进路准备的情境中，车站控制室的工作人员承担了召集并安排相关团队成员的重任。在所有人员到齐之后，他们迅速展开了一系列的准备工作，以确保人工排列进路的操作得以顺利进行。

根据既定的标准配置，至少需要两名工作人员参与此任务，其中一名必须是经验丰富的值班站长，另一名则是拥有相应资质的站务员或其他高级职位的人员。所有参与者必须统一穿荧光衣，戴手套，并随身携带对讲机、工具包等必要装备，以便快速抵达作业现场。工具包内应包含红闪灯、信号灯（红/绿）、手摇把、转辙机断电钥匙、钩锁器、锁具及其对应钥匙、手电筒等重要工具，以应对各种突发情况。

在进行人工准备进路之前，必须对进路上的每一个故障道岔的开通状态进行详细确认。若一条进路涉及多个故障道岔，则需从车站出发点开始，按照由近至远的顺序依次准备，然后在返回时，从最远端开始，再次沿原路逐个确认整条进路的准确性。

在操作道岔时，若需要改变道岔的方向，应当由一人操作，同时另有一名同伴进行共同确认。待确认道岔位置无误后，使用钩锁器进行固定（特别是对于经常需要调整方向的折返站道岔，可以仅进行挂锁而不用锁定，以提升操作效率）。

一旦完成进路准备、线路清理工作，行车调度员将接到车站关于进路已准备就绪、线路安全无阻的报告，并据此指导车站进行接（发）列车的操作。在采用电话闭塞法组织行车时，负责准备进路的人员，在确认道岔位置正确的前提下，应通过无线便携台或轨旁电话向车站控制室报告。随后，控制室接到确认信息后，将会指示接发列车的工作人员执行相应的接（发）列车操作。

通过上述详尽且严格的操作流程，车站员工能够确保在人工准备进路的过程中，不仅实现了列车运行的安全与精确，更为广大乘客的出行提供了可靠保障，确保了列车运行的平稳顺畅。

二、车站 ATS 终端的应用

（一）屏幕显示

LOW 的屏幕显示由三部分组成，自上而下为：

1. 基本窗口

在每个联锁站，都会配备一套 LOW 设备，以支持 SICAS 联锁系统的本地操作和状态显示。LOW 工作站通过显示器以图形化的方式展示站场图，包括轨道占用、道岔的开通位置和信号显示等关键行车信息。

操作员可以通过鼠标和键盘，在命令对话窗口上执行常规命令以及与安全相关的联锁操作。LOW 工作站的设计确保了操作的便捷性和直观性，使得操作员能够快速响应并处理各种行车需求。

为了确保操作的安全性和可追溯性，所有安全相关命令的操作记录、操作员的登录和退出操作及设备故障报警等关键信息都会被系统自动记录并存档。这样的设计有助于事后分析和审计，提高了系统的可靠性和安全性。

根据实际的控制需求，可以为每个联锁系统配置多个操作控制台，或者允许几个联锁系统共享一个控制台。这种灵活性使得 LOW 工作站能够适应不同的运营规模和控制需求，确保了轨道交通信号系统的高效和稳定运行。

2. 主窗口

启动 LOW 工作站后，屏幕将加载至主界面，呈现整个联锁区域内的线路、信号设备的实时状态概览，便于操作人员迅速掌握当前运营环境。主界面通常配备一系列关键功能按钮，实现不同操作需求：

登记进入/登记退出按钮：通过此按钮，操作人员需输入个人姓名和密码进行身份验证。验证成功后，按钮转变为"登记退出"，姓名以灰色显示，标志当前用户已经成功登陆 LOW 系统，并具备相应的操作权限。

图像按钮：该按钮打开联锁区域的地图视图，清晰展示站场布局及各设备的状态，方便操作人员实时监控现场情况。

报警按钮：分为 A、B、C 三个级别，代表严重性递减的报警级别。正常状态下，按钮颜色为灰色；发生报警时，相应级别的按钮会闪烁，并伴随提示音，其中 A 级报警最为紧急。点击报警按钮可查看详细报警信息，确认并处理，直至所有报警均得到妥善解决，相应按钮则变为红色常亮，报警音随之停歇。

管理员按钮：仅当登录为管理员账号时，此按钮才可见。管理员可对其他用户权限进行设置或修改，保障系统的安全性与规范性。非管理员登录时，该按钮处于灰色不可用状态。

调档按钮：用于查询及打印过去 48 小时内系统的特殊记录，包括但不限于现场设备变化、联锁事件、系统异常、登录活动等信息，为后续分析提供依据。

音响按钮：点击此按钮可暂停或关闭报警声音，直至新报警事件触发。

日期和时间显示按钮：显示当前系统日期与时间，帮助操作人员了解操作环境的实时状况。

版本号：显示所使用软件的最新版本，这一信息在故障排查与报告中尤为重要，确保操作人员了解软件的当前状态。

综上所述，LOW 工作站的操作界面通过集成上述按钮，形成了一个集信息监控、故障处理、系统维护等功能于一体的高效管理平台，确保了联锁系统的稳定运行和安全操作。

3. 对话窗口

对话窗口在 LOW 工作站中扮演着核心角色，是操作员与联锁系统互动的关键界面，集成了多种功能元素，旨在提供高效、安全的操作环境。以下是各关键组件及其作用的概述。

命令按钮栏作用：展示当前所有可执行的操作命令。根据所选要素变化，命令按钮会显示与其相关的所有操作命令。当没有特定要素被选择时，会显示适用于整个联锁系统的操作命令。

执行按钮作用：用于启动所选择的操作。一旦操作员激活此按钮，所选操作将被系统记录并执行。

取消按钮作用：提供操作的灵活性和错误修正能力，允许操作员撤销正在进行的操作，确保操作过程的可控性。

记事按钮作用：允许操作员输入额外信息或记录具体情况，虽不常用，但在需要详细记录特定事件或操作时非常实用。

综合信息显示栏作用：显示信号系统的多种状态信息，包括供电状态、自排（自动排列进路）和追踪状态。供电状态通过绿色或红色字体表示；自排功能未启用时显示为白色，启用后变为绿色；追踪功能开启时显示黄色字体，未开启则显示白色。

通过整合这些精心设计的界面元素，对话窗口为操作员提供了一个既直观又易于操作的平台，确保了信号系统的操作既高效又安全，充分体现了 LOW 工作站的智能与人性化设计。

（二）LOW 的操作命令

在 LOW 工作站的操作环境中，命令的分类对于确保安全性至关重要。命令主要分为两大类："常规操作命令"，标记为"R"；"安全相关操作命令"，标记为"K"。安全相关的操作具有较高的风险，不当执行可能导致行车不安全或设备损坏。这类操作仅能在 LOW 工作站上执行，并要求操作者明确承担起相应的安全责任。

在进行安全相关的操作前，操作者必须仔细检查所有必要的先决条件，确保准确无误地输入指令，并在操作完成后，在值班日志中详尽记录。这一步骤不仅保证了操作的精确性和安全性，同时也触发了在发生问题时的责任追溯机制。

在操作 LOW 工作站期间，保持正确的进路要素显示是一项基本责任。若发现显示有误，操作者应立即中止当前操作，撤销步骤，并向行车调度员报告。调度员在收到报告后，会依据实际情况评估，如果确认当前的 LOW 工作站操作并无安全问题，将会发布停止使用命令，启动设备故障处理流程，并安排后续的行车调整。如果遇到工作站显示异常的情况，应迅速采取措施，避免对行车造成影响。

在完成操作或暂时离开控制室时，LOW 工作站的操作人员应将其恢复到登记进入的状态，确保工作站的连续运行不受干扰，严禁在工作站上进行与行车无关的活动。这一系列规范的实施，旨在维持行车安全，保证工作效率和责任明晰，构建起高效、安全的运营环境。

对于设备管理人员或维修人员，在操作 LOW 工作站时必须先获得车站值班站长的同意，并且得到行车调度员的授权。在不影响行车安全的前提下，使用自己的用户名和口令登录系统后，方可进行相关操作。这些规定旨在加强工作站操作的规范性和安全性，确保行车的顺畅和设备的正确维护。

（三）对进路的操作

1. 排列进路

在 LOW 工作站进行进路排列操作，具体流程如下：

1. 首先，操作员需在 LOW 主界面上，利用鼠标左键选择始端信号机作为进路的起点。接着，再次点击终端信号机，以此设定进路的终点。完成这两步后，选择的信号机将被标记为灰色，表明其已作为进路的一部分被识别。

2. 接下来，操作员应将注意力转向 LOW 界面左下方的对话框，并在此找到命令显示栏。在这里，操作员应使用鼠标左键点击"排列进路"命令。这一操作向系统发出了请求，希望进行进路的排列。

3. 在完成上述操作后，操作员需确认所有的设置均符合预期，之后在对话框中点击"执行"按钮。此时，系统接收到执行排列进路的指令，并开始准备执行操作。

4. 联锁计算机随后自动执行一系列检查，以确保进路建立所需的所有条件均得到满足。如果所有条件均符合规定，进路将被成功建立，并按照预定的监控层级进入工作状态。

如果进路建立成功，并达到了主信号层标准，且始端信号机处于正常状态，则信号机将自动转为开放状态，从而允许列车通过。

若仅达到引导层的标准，则始端信号机将不会自动开放，而是需要在满足特定条件后，由操作员手动开启引导信号。

整个操作流程的设计，既确保了进路排列的准确性和列车运行的安全性，也提升了操作的效率。通过这样的规范化操作，不仅降低了人为错误的可能性，也有效维护了轨道系统的正常运行秩序。

2. 取消进路

在 LOW 工作站取消一条已排好的进路时，操作员首先用鼠标左键点击主窗口上的始端信号机，随后用鼠标右键点击终端信号机，这样选中的信号机会显示灰色底色。接着，在 LOW 左下角的对话窗口的命令显示栏中，用鼠标左键选择"取消进路"命令。完成选择后，再次使用鼠标左键点击对话窗口中的"执行"按钮以执行取消操作。值得注意的是，在 LOW 的所有操作中，鼠标右键仅用于排列进路和取消进路的操作，其他所有操作均仅使用鼠标左键来完成。这种设计旨在优化操作流程并减少误操作，确保操作的准确性和系统的高效响应。

（四）对信号机的操作

1. 显示意义

LOW 工作站上的信号机各部分的显示意义如表 3－1 所示。

表 3－1 LOW 工作站上的信号机各部分的显示意义

元素	显示及状态	显示意义
信号机编号	红色	处于人工排列进路状态
	绿色	处于自动排列进路状态
	黄色	处于追踪进路状态
	稳定	信号机正常
	闪烁	信号机红灯断主丝故障或绿灯/黄灯灭灯
信号机基础	绿色	主信号控制层（处于监控层：在进路状态）
	黄色	引导信号控制层（处于监控层：在进路状态）
	红色	非监控层（无进路状态或进路未建立）
	稳定	信号机正常
	闪烁	在延时中（进路延时取消，进路延时建立或保护区段延时解锁）
信号机机柱	绿色	信号机开放，且开放主信号
	黄色	信号机开放引导信号
	红色	信号机关闭，且未开放过（针对本次进路）
	蓝色	信号机关闭，但曾经开放过（针对本次进路：在重复锁闭状态）
信号机灯头	绿色	信号机处于开放主信号状态
	红色	信号机处于关闭状态（但可以开放引导信号）
	蓝色	信号机处于关闭状态，且被封锁（但可以开放引导信号）
照查显示	绿色	可排列相应进路入车辆段
	红色	不能排列相应进路入车辆段（车辆段已排列了进路）
	灰色	无数据

2. 基本操作

对信号机进行操作，用鼠标的左键单击 LOW 主窗口上的信号机元件或信号机编号，此时所选元件的底色变为灰色，然后在对话窗口中的命令显示栏用鼠标的左键单击所需的命令，最后用鼠标的左键单击对话窗口中的"执行"按钮即可。

3. 虚拟信号机

虚拟信号机是一种在轨道交通系统中使用的虚拟设备，旨在解决因进路过长导致运营效率降低的问题，同时避免在现场设置实体防护信号机。这些虚拟信号机在 LOW 工作站上的显示与正常信号机无异，具备相同的功能，但为了区分，会在信号机的编号前加上字母"F"，例如 FX302。重要的是，虚拟信号机并不对应现场的实际设备，它们仅存在于信号系统的逻辑控制中，用以优化列车运行和提高运营效率。

第四章　车辆信号与其他系统

第一节　车辆段与电客车车载信号及通信设备应用

一、车辆段行车值班员岗位要求

（一）车辆段行车工作简介

1. 行车组织机构

车辆段内的关键行车岗位包括以下几类：

车场调度员：负责统一指挥车辆段内的行车组织工作，全面组织实施客车、机车车辆的转轨和取送作业，以及调试作业和列车出入车辆段等任务。他们还负责科学调配人员和机车车辆，协调安排车辆段内行车设备、消防设备及库房等设备的检修维护。

信号楼值班员：位于信号楼行车室，主要任务是接收车场调度员的接发列车和调车作业计划，并操作联锁设备终端办理列车、调车进路。

正线/车场派班员：负责安排司机的出勤和退勤作业，制订并执行司机的派班计划。在遇到突发事件时，他们需要及时调整交路和司机的派班，确保运营的连续性和灵活性。

调车员（调车长）：在车辆段进行调车作业时，调车员负责现场指挥机车车辆的移动。这一岗位有时由工程车司机或副司机兼任。

工程车司机：在工程车开行时，通常由两名司机共同值守。其中一名司机负责驾驶列车，另一名司机则担任车长，负责指挥列车运行及检查监视车辆调车作业的安全。在推进运行时，车长还负责引导瞭望。

电客车司机：负责驾驶电客车在正线上运行，并在车场内进行调车作业。他们还负责确保电客车运作的安全。

这些岗位共同协作，确保车辆段内的行车作业安全、高效，同时保障列车运行的顺畅和乘客的安全。

2. 调车作业

在车辆段的调车作业中，各个环节都需严格遵守规定，确保作业的安全和效率：

调车作业开始前：调车长需明确传达调车作业计划和作业方法给调车司机和其他调车人员，确保每个人都清楚作业的具体要求和步骤。

调车作业过程中：实行"要道还道"制度。这一制度要求调车长或调车司机向信号楼值班员请求进路（要道），信号楼值班员在确认进路准备就绪后，再向调车长或调车司机确认进路（还道）。这一流程有助于确保调车作业的顺利进行，并减少因沟通不畅导致的安全风险。

通过这些严格的作业流程和沟通机制，车辆段的调车作业能够更加安全、有序地进行，保障列车运行的顺畅和人员的安全。

3. 列车作业

（1）列车出库、出段

车场调度员扮演着至关重要的角色，他们负责根据列车运行计划、运营检修需求以及车场内的实际存车状况，精心编制详细的发车计划。这份计划包含了许多关键元素，如列车的车次、出发股道、待使用的车编号等，确保列车能够按照既定的时间表高效运行。

计划编制完成后，它不仅要传达给信号楼值班员执行具体任务，同时还需要将列车的车次、车号、是否为备用列车及其对应的车号等详细信息上报给行车调度员，以便整个运营网络保持协调一致。

当信号楼值班员着手执行发车作业时，首要任务是确认发车路径上无其他车辆占用，确保区间是空闲的，并且停止任何可能干扰发车进路的调车活动。在列车即将驶出之前，他们还需要细致检查信号显示是否准确无误，确保库门的开启畅通无阻，并时刻注意平交道口是否存在行人或车辆。

若到达规定的发车时间，但出库信号仍未开放，这时乘务员应立即与信号楼值班员取得联系。若直接沟通不畅，可以寻求车场调度员的帮助。整个过程中，有效的信息传递和及时的沟通是确保列车安全、顺利发车的关键步骤。

在正常情况下，列车通过出段线离开车场。列车出段时，依据信号机的显示，在出段线的无码区以限速人工驾驶方式运行，限速为 20 km/h。在列车进入有码区之前，需要一度停车，此时乘务员应设置好车次号，在接收到速度码后，列车便可以以 ATO（自动列车运行）或 ATP（自动列车保护）方式安全投入线路运营。这一系列流程确保了列车发车的安全性和准时性。

（2）列车入段、入库

信号楼值班员在执行列车接车作业时，首要任务是确认所接收的线路处于空闲状态，并停止所有可能影响接车进路的调车作业，以确保列车安全进站。

在标准操作流程中，列车通过入段线进入车场。列车在入段线的有码区依据信号机的显示，按照人工 ATP 方式运行，确保列车安全控制速度。当列车进入无码区时，则转换为限速下的人工驾驶方式。

这一系列严格的操作步骤旨在确保列车接车作业的安全性和效率，保障列车和人员的安全。

（3）设备故障时出入段

在轨道交通运营中，遇到设备故障（如咽喉道岔、道岔区轨道电路、牵引供电等）或需要进行检修施工（涉及车场线路、信联闭设备、接触网等）时，可以采取引导接车方式，或者根据实际情况组织列车通过入段线出段或由出段线入段。无论采取哪种方式，都必须事先获得行车调度员的准许，以确保行车安全。

此外，如果车辆段或衔接站的联锁系统发生故障，应按照规定采用电话闭塞法或依据调度命令来组织行车。这些措施有助于在特殊情况下维持列车运行的有序性和安全性，同时减少故障对运营的影响。通过这些灵活的行车组织方式，可以有效地应对各种突发情况，确保列车安全、准时地完成运输任务。

4. 检修/施工作业

（1）计划

检修和施工作业必须遵循规定时间提交计划，而临时补修计划则由作业部门直接向车场调度员提出申请。车场调度员会根据当前现场的作业情况，合理地进行安排和调整。

无论是日常计划还是临时补充计划，都由车场调度员负责协调和统筹审定，并在计划实施过程中负责组织实施。在作业过程中，如果需要司机或其他部门的配合，车场调度员将及时通知相关人员，确保作业顺利进行。

当检修或施工作业可能影响到机车车辆的检修或转轨工作时，车场调度员有责任及时通知相关部门，并根据实际情况调整计划，以减少对运营的影响。

如果已经按照计划划定的作业区域需要发生变更，作业部门应在作业开始前的指定时间内，提交补充计划以进行变更，确保计划的更新和准确性。

对于已经划定作业区域的检修或施工作业，负责人必须在作业开始前的指定时间内，向车场调度员办理请点作业，并由负责人安排作业区域的防护措施，以确保作业安全。

这一系列的规定和流程旨在确保检修和施工作业的有序进行，同时保障列车运行和其他作业的安全，避免因作业计划的变更或实施不当而带来风险。

（2）登记

信号和线路维修人员在进行信号设备和线路的日常检修工作时，必须在现场设置适当的防护措施。为确保安全，需要有专职联络人员在信号楼行车控制室内值班，负责加强与现场的联系，并及时通报行车情况。

在线路作业期间，如果请点时间不超过 10 分钟（除非对列车、机车车辆运行有特定的速度限制），专职联络人员需向信号楼值班员提出申请。得到信号楼值班员的报告和车场调度员的准许后，办理给点登记手续。

专职联络人员需严格按照"车辆段施工/检修作业登记簿"的要求，详细填写所有必要的信息，包括设备名称、编号、工作内容、请点时间、故障状态以及是否影响行车等。在确认信号楼值班员同意的起止时间后，双方应进行核对并相互签认。

若行车设备发生故障，信号楼值班员应立即将故障情况记录在"设备维修检查登记簿"中，并通知信号和工务人员进行紧急修复，同时向车场调度员清晰汇报情况。检修人员在接到故障通知后，应迅速派人进行修复工作。

这一套流程确保了检修工作的有序进行，同时保障了行车安全和设备的正常运行。

（二）接发列车工作

1. 行车凭证

接发列车工作行车凭证如表 4 - 1 所示。

表 4 - 1　接发列车工作行车凭证

联锁设备	出段信号	出库信号	调车信号	转换轨	凭证	备注
正常	正常	正常	正常	正常	出段信号允许显示	—
监控良好	不能开放	正常	正常	正常	车辆段值班员口头通知	行车调度员同意
监控良好	不能开放	不能开放	正常	正常	开放的调车信号及车辆段值班员口头通知	行车调度员同意
监控良好	不能开放	不能开放	不能开放	正常	车辆段值班员口头通知＋发车手信号	行车调度员同意，排进路或单操单锁道岔开通进路
故障	—	—	—	—	路票＋发车手信号	电话闭塞

当入段信号不能正常开放时，改按引导方式组织接车，列车凭入段信号机的引导信号进入车场内，引导信号无法开放时改按调车方式运行，调车信号无法开放时按降级组织接车。

2. 开放出、入段信号时机

在轨道交通运营中，列车的出入场作业需要严格遵守一系列时间规定和操作流程，以确保列车运行的安全和效率：

列车出段：在正常情况下，出段信号应在列车预定发车时间之前开放，以便列车可以准时出发。如果遇到特殊情况导致出段信号不能及时开放，应及时通知司机，以便采取相应措施。

列车入场：列车在进入出/入段线轨道区段前，应至少提前 2 分钟开放入段信号机，以确保列车安全进入。如果存在特殊情况使得入段信号机不能及时开放，同样需要立即通知司机。

联锁设备操作：当联锁设备运行正常时，应至少在列车预计开车时间 10 分钟前停止所有可能影响列车进路的调车作业，以准备接发车进路。

接发车线作业：原则上，列车的到达和发出作业应在指定的接发车线上进行。如果需要在非接发车线上办理列车到发作业，必须经过车场调度员的同意，以确保操作的合规性和安全性。

这些规定和流程有助于维护列车运行的正常秩序，同时最大限度地减少因操作不当或沟通不及时导致的延误和安全风险。

3. 出、入段作业注意事项

在轨道交通运营中，对正线的监控和列车运行的管理是确保安全和效率的关键环节：

ATS 监视：需要加强对正线 ATS 的监视，实时跟踪列车出场后的运行情况。一旦发现任何异常，应立即通知车场调度员，以便采取必要的应对措施。

信号设备与车辆故障：如果发现信号设备出现异常，或者接到司机报告车辆故障，都应及时报告给车场调度员。对于信号设备异常，除了通知车场调度员外，还需立即联系信号设备维修人员进行处理，并做好相关登记。如果这些异常影响到列车的正常出入场，还应立即通知行车调度员和车场调度员。

列车出清转换轨：如果由于前发列车未能及时出清转换轨，导致无法按规定时间开放后续列车的出场信号，应及时通知后续列车司机待命，并同时向行车调度员和车场调度员汇报情况，以便进行适当的调度调整。

接发列车进路排列：在排列接发列车进路时，必须确认即将排列的进路上没有光带且无作业正在进行，方可进行后续接发列车进路的排列。

这些规定和流程有助于及时发现和处理可能影响列车正常运行的问题，确保列车运行的安全和正点，同时提高运营效率。

二、车辆段信号设备终端的应用

（一）信号设备操作基本要求

在车场的微机联锁控制台操作中，有一系列严格的规定和操作流程需要遵守：

鼠标操作与管理：鼠标操作由车场值班员负责，并且他们也是鼠标的管理责任人。在故障处理时，信号人员可以操作鼠标，但其他人员一律不得使用。信号设备维修人员在需要使用鼠标时，必须在施工清点后与车场值班员进行交接，并在当班台账上做好详细登记。

操作信号设备：执行信号设备操作时，必须遵循"一看、二按（单击）、三确认、四呼唤"的制度。在各个动作之间应有适当的间隔和停顿，避免与其他作业同时进行。在单击任何按钮之前，必须先确认显示无误，然后才能操作下一个按钮。

排列进路：如果第一次排列进路操作未能成功，操作员应等待 3 秒钟后才能尝试再次操作。

列车出清：在列车完全离开相关轨道区段之前，不得为经过该区段的列车或调车排列进路。

非作业状态：在不进行操作时，联锁控制台的鼠标箭头应放置在显示屏上指定的安全位置，远离所有信号按钮和操作提示框。

这些规定和操作流程旨在确保信号设备的安全操作，防止误操作，保障列车运行的安全和控制台操作的有序性。

（二）iLOCK 型典型显示及操作（具备全自动车辆段功能）

1. 站控/遥控转换

在 ATS 系统的操作中，联锁机可以通过不同的模式来适应不同的运行需求：

站控模式：当 ATS 系统正常工作时，通过单击"站控"按钮，可以将联锁机切换到"站控"模式，此时"站控"指示灯显示黄色。在站控模式下，ATS 现地工作站不仅提供联锁的全部功能操作，还提供 ATS 车站级别的所有功能。

在 ATS 系统正常运行时，通过点击"遥控"按钮，可以将联锁系统切换至遥控模式。在这种模式下，"遥控"指示灯将显示绿色。在遥控模式中，ATS 的控制权转移到中心，ATS 子系统根据预设的行车计划自动执行控制操作，实现全面的自动化控制流程。

如果发生 ATS 系统的故障，导致无法正常使用，则需按下"紧急站控"按钮，从而将联锁系统切换至紧急站控模式。在此状态下，"紧急站控"指示灯将显示红色。在紧急站控模式下，ATS 的现场工作站会转变成为联锁系统的上位机，提供联锁的所有功能操作。

转换控制模式的条件包括但不限于以下几点：

（1）引导总锁的状态

（2）强制打开道岔的授权

（3）自动折返进路的设置

（4）自动进路的执行

（5）引导进路的设定

（6）中心与现场的通信状态

（7）紧急关闭的情况

（8）车站扣车指令的存在

紧急站控模式下不允许直接转换至遥控模式，必须首先经过站控模式的过渡，并且在所有上述条件均满足的前提下，才能将控制权转移至遥控模式。然而，在任何情况下，车站工作人员都可以不受任何限制地将控制权从中心控制转回至站控模式或紧急站控模式。

这些模式和转换条件确保了车站在不同情况下都能安全、有效地进行列车监控和控制。

2. 屏幕显示

在轨道交通的信号系统中，信号机、轨道区段和道岔的状态通过不同的颜色和标记在屏幕上表示，以便于监控和操作：

（1）信号机：

当信号机亮灯时，屏幕上的信号复示器显示与室外信号机一致的状态。

若信号机灭灯，屏幕上的信号复示器会在相应位置画上"×"表示灭灯状态。

（2）轨道区段：

紫色表示轨道区段处于占用状态。

红色表示在 CBTC 模式下，通过逻辑判断区段为占用状态。

白色表示轨道区段出清，并且是锁闭进路的一部分。

绿色表示轨道区段出清，但处于故障锁闭状态。

闪烁的轨道区段表示被 ATS 系统切除跟踪，并且会以当前颜色闪烁。

缺省色表示轨道区段出清且未被锁闭。

（3）道岔：

紫色表示道岔区段处于占用状态。

红色表示道岔区段被 CBTC 系统报告为占用。

白色表示道岔区段未占用且处于正常锁闭状态，如果有单独锁闭的情况，则道岔名为红色。

绿色表示道岔区段未占用且处于故障锁闭状态。

黄色表示道岔区段未占用且处于单独锁闭状态。

闪烁的道岔区段表示被 ATS 系统切除跟踪，并且会以当前颜色闪烁。

缺省色表示道岔区段既未占用也未锁闭。

这些颜色和标记的标准化显示，为车站值班员提供了清晰的信号状态信息，有助于他们进行有效的监控和操作决策。

3. 典型操作

在轨道交通信号系统中，进行进路设置、取消、人工解锁、引导进路锁闭和封锁等操作的规定如下：

设置进路：屏幕上信号机旁的绿色按钮定义为列车按钮，单击该按钮用于调车。在屏幕下方的功能条中选择"进路建立"按钮进行进路设置（该按钮通常处于默认选中状态）。使用鼠标左键点击始端按钮，使其被按下，此时符合条件的所有终端按钮将闪烁，表示可以进行选择。点击终端按钮后，系统将排列进路并开放信号。

取消/人工解锁进路：若信号已开放且接近区段无车占用，点击"总取消"按钮和进路始端按钮，信号将关闭，进路解锁。若接近区段有车占用，则需使用人工解锁：点击"总人解"按钮，输入口令"1234"进行确认，再点击进路始端按钮，信号关闭，信号机灯柱变为黄色并显示"Y"标记，站场图右上方启动延时解锁倒计时。倒计时结束时，进路将自动解锁。

引导进路锁闭：在信号机或轨道区段出现故障无法正常办理进路时，如果操作人员确认故障区段空闲，可以通过引导进路锁闭方式开放引导信号。点击功能条中的"引导按钮"，输入口令并确认，在弹出窗口中操作，然后点击站场图下方引导按钮框中对应信号机的"引导"按钮，完成引导进路锁闭。

封锁：进路锁闭且信号开放后，如需关闭已开放的信号，或在进路未办理前阻止所有经过该设备的进路建立，可执行"封锁"操作。点击功能条中的"封锁按钮"，再点击站场图中对应的信号机或道岔，执行封锁，此时相应设备将显示为封锁状态。

这些操作确保了信号系统在不同情况下的灵活管理和列车运行的安全。

4. 出/入库作业

在轨道交通系统中，列车的出库和入库流程是确保安全和效率的重要环节：

（1）出库流程：

列车出库的进路（从出库信号机至出段信号机）可以由 ATS 自动触发或由人工办理。

出库信号机初始显示黄灯，进路内顺向调车信号机灭灯，为列车出库提供条件。

出库信号开放后，司机以限制模式（RM）驾驶列车向前运行，经过两个应答器后获得位置信息，列车在库线内升级至 CBTC 级别。

驾驶模式随后转换为常用制动模式（CM）或调车模式（AM），CBTC 列车根据 ZC 发出的移动授权计算防护曲线并控制列车。

列车由司机驾驶或 ATO 驾驶，运行至转换轨。

（2）入库流程：

列车以 CBTC 级别运行进入转换轨，准备入库。

进段进路可以由 ATS 触发或人工办理，进段信号机显示绿灯，ZC 为列车延伸移动授权。

办理进库进路后，进库信号机显示黄灯，进路内顺向调车信号机灭灯，ZC 再次为列车延伸移动授权。

列车根据 ZC 发出的移动授权计算防护曲线并控制列车，由司机驾驶或 ATO 驾驶向库线运行。

列车按照移动授权运行至库前，根据运营要求进行一度停车，司机确认后转换为 RM 模式，然后运行进入停车列检库或洗车库。

这些流程确保了列车在出入库过程中的平稳过渡和安全运行，同时也提高了运营效率。

（三）车辆段通信设备的设置

车辆段内的专用通信系统是确保列车运行安全和效率的关键，它为调度员与车站、车辆段、停车场值班员等提供重要的指挥和通信手段。这个系统覆盖了列车运营、电力供应、日常维修、防灾救护和票务管理等多个方面：

1. 调度台

DCC（车辆段控制中心）和信号楼均配备有无线调度台，允许与车辆段内的司机进行直接通话。

2. 无线通信

专用的数字集群调度系统构成了无线通信网络，为地铁运营中的固定用户和移动用户提供可靠的语音和数据通信手段。

3. 专用电话

DCC 和信号楼安装有 40 键直通电话，派班室设有行车调度员电话分机，这些电话具备录音功能，便于车辆段值班员、派班员、车场调度员与相关部门调度员之间的直接通话。

4. 广播系统

车辆段设有行车和防灾广播控制台，防灾广播具有优先级。在主要建筑内安装有消防广播系统，用于在火灾确认后进行报警和人员疏散提示。车场调度员可以通过操作台对库内的司机或其他人员进行广播和对话，而现场人员也可以通过扩音对讲终端与调度员进行交流。

5. 时钟系统

在 DCC、派班室、信号楼等关键位置设置时钟系统，为地铁工作人员提供统一的标准时间参考。

6. 闭路电视系统

车辆段的闭路电视系统覆盖出入段线、平交道口、轨行区、停车列检库外和重要公共区域，提供实时视频监控，确保地铁系统的安全运行。

这些通信和指挥手段共同构成了一个综合的专用通信系统，为车辆段的安全、高效运营提供了有力保障。

三、电客车车载信号及通信设备应用

（一）电客车司机岗位要求

在轨道交通系统中，电客车司机的岗位职责和安全准则是确保列车安全、准时运行的关键：

（1）典型岗位职责

根据"运营时刻表"等要求，司机需安全、平稳、准时地驾驶电客车运行，并按照调车、调试等作业计划，安全、及时地完成作业任务。

在正线运行时，听从行车调度员的统一指挥；在车辆段或停车场内，听从车场调度员的统一指挥。

监控列车的运行状态和相关行车设备，对列车运行进路进行瞭望，一旦发现异常情况，需及时、全面、准确地汇报。

负责确认行车凭证，彻底瞭望进路，安全、平稳地驾驶电客车，确保列车运行安全。

遇到突发事件或设备故障时，应及时、全面、准确地报告相关信息，并按照相应的应急预案进行处理，尽快恢复运营。

（2）典型安全准则

正线运行时，严禁擅自改变驾驶模式、修改目的地码、车次号，以避免运行混乱。

站台作业时，列车停稳开门前，司机需注意确认信号机的显示状态，确保安全。

折返作业时，接车司机在开钥匙及操作模式开关前，需先确认到达司机钥匙已关、折返成功、进路信号开放或进路准备好、道岔位置正确；动车前，需再次确认进路信号开放、道岔位置正确。

洗车作业时，司机应严格按照洗车线的洗车信号机、调车信号机的显示及行车标志行车，确保洗车作业的安全。

调车作业时，遇到无信号/信号不清或没有行车凭证及进路、道岔开通不正确等情况，严禁动车，以防止事故发生。

通过严格遵守这些岗位职责和安全准则，司机能够确保列车的平稳运行和乘客的安全。

（二）电客车司机操纵程序

1. 列车出库

在轨道交通系统的操作流程中，列车司机负责从车辆段安全、有序地将列车引导至正线进行服务，这一过程包括以下几个关键步骤：

（1）列车整备报告

列车司机在确认列车已完成全面整备，各项设备均处于正常工作状态，并满足正线运营的所有安全与性能标准后，需向车辆段的信号值班员报告列车整备完毕。此举旨在确保列车具备投入运营的条件，保障乘客的安全与旅途顺畅。

（2）出段信号确认与驾驶

列车司机需确保出段信号已经激活，按照预先设定的时刻表，启动列车并以 RM（限制模式）方式驶出车辆段。在整个列车出库过程中，限速保持在 5 千米/小时，直至列车完全离开库门。在驶向车库大门及平交道口时，司机需采取一度停车措施，仔细检查线路状态，确认一切安全后方可继续前行。

（3）转换轨停车与模式转换

A. 转换轨的准备与模式调整

当列车到达转换轨时，司机需停顿片刻，等待显示屏显示速度码，并确保"ATO"指示灯亮起。此时，司机还需验证进入始发站方向的进路防护信号已开放，然后将列车切换至 ATO 模式，继续前进至始发站，实现自动化的平稳运营。

B. 非常规情况处理

若在转换轨处未能接收到速度码，或是存在需要从非始发站出发的特殊情况，司机应及时联系行车调度员，获得必要的指导与指示，确保操作的安全性和准确性。

通过对上述步骤的严格遵循与实施，列车司机不仅能够确保列车安全、准时地从车辆段出发，还能在复杂多变的运营环境中灵活应对各种挑战，保证了轨道交通服务的高效与稳定。

2. 正线运行

在轨道交通中，列车司机在 ATO 驾驶模式下及其他情况下的工作状态和安全操作规程如下：

ATO 驾驶模式下的工作状态：司机应保持不间断瞭望，端坐并准备操作，左手靠近鸣笛按钮，右手置于主控手柄处但不按压警惕按钮。

进站观察：列车接近车站时，司机应观察站台情况，必要时鸣笛示警，并在紧急情况下立即采取措施。

临时停车：如需临时停车，司机应使用紧急或人工广播安抚乘客，并在车站配合站务人员进行宣传解释。

未对标停车：若列车未准确停靠，司机应立即手动调整，确保列车准确停位。

紧急制动后的操作：在 ATO 模式下若发生紧急制动，需转换为 SM 或 RM 时，司机应严格遵守信号和 ATP 系统的指示。

雨天驾驶：在雨天，地面线路司机应转为 SM 模式，控制速度，避免打滑或紧急制动。

URM 驾驶模式：使用非自动化模式（URM）启动列车时，主控手柄应置于适当位置，注意报站并控制速度，确保准确停车。

司机身体不适：司机若感身体不适，应及时通知派班员或司机长，寻求协助，以避免影响列车服务。

这些规程确保了列车司机在各种情况下均能保持警觉，及时响应，保障列车运行的安全和乘客的舒适。

3. 站台作业（开关车门）

（1）在轨道交通运营中，列车司机在处理车门操作和监控乘客上下车时，需遵循以下步骤和规程：

在 ATO 模式下，列车自动完成精准对标停车。司机室的显示屏随即会显示侧车门释放的信息，随后车门会自动开启。在正常运营情况下，除非列车发生故障或是需要接听行车调度员的紧急电话，司机应始终在列车侧门附近站立，持续监视站台上的乘客动态，确保乘客上下车过程安全。

对于非 ATO 模式下的手动开门需求，如 SM、RM、URM 模式或是折返时的对标停车，当显示屏上没有显示侧车门释放的信息时，司机需遵循详细的开门程序。该程序分为四个关键步骤："确认、呼唤、跨半步、开门"。首先，司机要确认列车停靠的正确站台以及需要打开的具体车门；其次，执行呼唤制度，明确告知站台工作人员列车即将开启车门；接下来，司机需跨出站台一步，按压"强行开门"按钮，确保安全地开启车门；最后，根据运营计划，适时打开车门，保证乘客安全上下车。

在准备关门阶段，司机需密切关注列车门控制信息（DTI）倒计时的提示，通常在倒计时剩余约 10 秒时开始进行关门操作。司机转身按压"关门"按钮后，回身面向列车尾部进行瞭望，确保车门已关闭且所有的黄色指示灯都已熄灭，确认无误后方能离开司机室。在启动列车前，通过侧望监视镜检查车门周围环境，确保不存在夹人或夹物的情况，随后依照既定程序启动列车，保障乘客的安全与舒适。

大客流下的关门作业：在面对大客流时，司机需注意气压表显示，若超过 0.28MPa，应加强使用"重开门"按钮以防夹人夹物，并及时报告行车调度员。

（2）车门故障处理：

在列车后三节车组车门出现故障且经过重试仍未能恢复正常时，司机应当采取特定的信号措施以确保安全。此时，司机需面向列车尾部，高举手臂并轻轻拍打车体，这一行为是向站台岗位人员发出的明确信号，指示其开始执行车门切除程序，确保问题得到及时且有效的处理。

接着，在执行一系列验证步骤之后，司机确认故障车门的指示灯已经熄灭，同时车门控制盘上的"关"按钮呈现绿灯状态，进一步表明车门已处于关闭并锁定的状态。此外，通过检查司机室内的设备柜，司机还需确认未有继电器发出异常响声，这一系列操作旨在排除潜在的系统性问题，确保车门操作的安全性和有效性。

一旦完成了上述验证流程，且确信车门切除程序成功实施，司机将正式确认车门状态，并准备返回司机室。在此之后，按照既定的操作规程，司机将起动列车，继续行驶。整个过程中，严谨的操作规程不仅确保了列车运行的安全，也保证了乘客的出行体验，体现了高效而专业的服务标准。

4. 终点站折返

在轨道交通系统的运行中，列车到达终点站后的折返操作至关重要，确保了列车的高效周转和服务的连续性。以下是一套详细的折返操作流程：

当列车接近终点站的停车位置时，驾驶员通过显示屏上的提示注意到折返操作即将进行，此时 AR 黄灯开始闪烁。列车准确停靠在停车标后，两侧车门随即打开，为乘客提供方便的上下车通道。

到达司机在执行一系列关键操作之前，需按下"AR"按钮，这将使得显示屏上代表折返的图标背景变为黄色，同时 AR 黄灯熄灭。紧随其后，驾驶员关闭主控钥匙，并确保锁好了司机室侧门，以此完成了对上行端司机室的最后准备工作。

在折返操作中，如果有专门的折返司机接替，则到达司机需与他们进行详细的列车运行状态和行车安全信息交接。交接完成后，到达司机退守至换乘亭，准备转换身份成为下一趟列车的折返司机。若没有折返司机，到达司机则迅速激活上行端司机室，确保列车处于安全待命状态。

对于需要自行完成折返操作的情况，到达司机首先应开启左侧车门，确保乘客安全有序地离车，右侧车门则保持关闭。乘客全部清空后，关闭左侧车门，接着折返至上行端司机室，重新激活操纵台。在此过程中，再次开启左侧车门，让乘客顺利上车。

在整个折返操作过程中，无论是自动还是手动操作，所有参与人员都必须严格遵守相关规定，确保操作的准确性与安全性。此外，折返司机还需要在激活上行端司机室后，确认"AR"折返按钮黄灯闪烁，以及"RM"指示红灯亮起，以验证折返操作的正确执行。随后，闭合主控钥匙，确认显示屏上显示的信息准确无误，完成注册无线电通信，并根据需求更改车次号。在完成上述步骤后，折返司机需在司机室侧站立岗，以示对即将进行的列车操作的警觉和准备。

如果有折返司机，应在列车停稳后进入上行端司机室，与本务司机完成交接，然后激活操纵台开启左门让乘客上车。如果需要切除 ATP，应在激活操纵台前完成这一操作。

这些步骤确保了列车在终点站的折返操作能够顺利、安全地进行，同时也保障了乘客的上下车安全。

5. 列车进入车辆段

在轨道交通运营结束时，列车司机遵循严谨而细致的流程完成收尾工作，确保列车安全、高效地退出服务。以下步骤详尽阐述了整个过程：

乘客告知与下客：列车抵达终点站后，司机利用专业术语向乘客宣布服务已结束，请大家有序下车。在确认所有乘客已经离开车厢后，司机等待站务人员发出关门信号，然后执行车门关闭程序，确保车厢内外安全隔离。

司机室折返：完成当前位置的操作后，司机按照既定路径，步行至列车的另一端司机室，为接下来的折返行程做准备。

进路防护信号确认与 ATO/RM 模式驾驶：在列车出库前，司机需要确保进路防护信号已正确开放。随后，选择 ATO 模式或切换到 RM 驾驶列车前往转换轨，并在转换轨处实施一度停车。这一操作旨在确保列车以安全速度平稳过渡到下一阶段的行车计划。

入段信号确认与股道停放：当接收到入段信号机显示的黄灯信号后，司机驾驶列车进入车辆段区域。信号员将通过无线电与司机沟通，指定列车应停放的具体股道。司机需逐字重复信号员的指示，确保准确无误地执行停放指令。

一度停车与安全检查：列车停靠于库门前的一度停车标前或经过平交道口前，需再次执行一度停车操作，以保证列车停位安全，避免任何潜在的碰撞风险。

司机室清洁与设备检查：列车停稳后，司机负责清洁司机室内部，包括座椅、控制面板等，确保环境整洁。同时，对重要设备如灭火器、列车备品等进行全面检查，确保其齐全且处于良好状态。所有检查结果以及当前列车千米数需完整记录在"列车状态卡"上，以备后续维护与分析。

列车停放与设备关闭：列车停放于规定的停车位置后，司机操作将方向手柄回至零位，断开主断路器，实施停放制动，关闭空调系统与车内照明，停止空压机的工作。随后，通过鸣笛提示降弓操作，并关闭蓄电池电源。完成以上步骤后，司机下车并确保将司机室侧门锁好，以完成此次运营结束的全部流程。

这套流程体现了轨道交通运营的标准化、规范化管理，不仅保障了乘客的安全出行，也为后续的列车维护工作提供了依据。

这一系列步骤确保了列车安全地结束运营，并为下一次服务做好了准备。

第二节　闭路电视监控系统和广播系统

一、闭路电视监控系统

（一）闭路电视监控系统的作用

CCTV 在城市轨道交通安全技术防范体系中扮演着关键角色，是一种高效且功能强大的综合监控系统。它在确保轨道交通各车站安全运行方面发挥着重要作用，主要功能包括：

实时视频信息提供是 CCTV 系统的关键功能，它为控制中心的各类人员——调度员、车站值班员、公安值班人员及值班主任等——提供实时、动态的视频影像，覆盖了列车运行状态、乘客流动管理、灾害预防与应急处理等多个方面。这种可视化能力极大地提升了决策效率与响应速度，使管理者能够在关键时刻做出更为精准有效的判断与行动。

行车管理人员借助 CCTV 系统，获得了对站台区域的列车动态情况以及站厅区域内旅客活动趋势的直观观察。这不仅有助于监控车站运营的整体状况，还能辅助调度与控制策略的实施，提高运营效率与安全性。

对于车站行车值班员而言，系统提供的即时画面包括列车的进站、发车、车门开关情况，以及车站内各关键位置如售票机、闸机出入口等的动态视像，确保了车站日常运营的顺利进行和乘客的安全。

此外，CCTV 系统还为列车驾驶员和站台工作人员提供了乘客上下车的直接视觉反馈。这样的支持有利于他们更精确地管理乘客流量，防止拥挤，确保乘降过程的安全有序。综合以上功能，CCTV 系统不仅优化了轨道交通的日常运营管理，也为提升服务质量、增强安全措施提供了强有力的工具。

通过这些功能，闭路电视监控系统不仅提高了轨道交通的安全管理水平，还为各类突发事件的快速响应和处理提供了有力支持。

（二）闭路电视监控系统的组成

1. 摄像部分

闭路电视监控系统中的摄像部分扮演着至关重要的角色，相当于系统的"眼睛"。摄像机通常布置在监控场所的关键位置，确保其视场角能够全面覆盖整个监控区域，并将监视到的内容转换成图像信号，传输到控制中心的监视器上。

（1）摄像机的分类：

摄像机根据显示色彩的不同，分为黑白和彩色两种。黑白摄像机因其高分辨率和低照度性能，尤其在红外光照下也能成像，因此在闭路电视监控系统中得到了广泛应用。

城轨闭路电视监控系统中常用的摄像机类型包括半球摄像机、云台摄像机、一体化摄像机、枪型摄像机和红外摄像机等。半球摄像机提供无死角的监控视野；云台摄像机通过调整云台角度来改变摄像范围；一体化摄像机的镜头与摄像机是一体的，不可拆卸；枪型摄像机的镜头可以根据需要更换；红外摄像机配备红外灯，适用于夜间或光线不足的拍摄环境。

（2）摄像机的安装：

摄像机的安装方式根据监控需求而定，可以在电动云台上安装，并配备变焦镜头以适应不同监控距离和范围的需求。

在室外环境中使用时，为了保护摄像机免受尘土、雨水、极端温度和腐蚀性物质的影响，通常会为摄像机及其镜头配备专门的防护罩。

通过这些摄像机的合理选择和安装，闭路电视监控系统能够提供清晰、全面的监控画面，为城市轨道交通的安全运行提供有力保障。

2. 传输部分

传输系统的设计要求图像信号在传输过程中保持高质量，避免产生明显的噪声和失真，确保原始图像信号的清晰度和灰度等级不发生明显下降。为了达到这一要求，传输系统必须具备以下性能：

衰减和噪声控制：传输系统应能有效减少信号衰减，并防止外部噪声的引入，以保证信号的纯净度。

幅频特性：传输系统应具有平坦的幅频特性，确保不同频率的信号成分在传输过程中幅度变化不大，从而保持图像的细节。

相频特性：传输系统应保持稳定的相频特性，确保图像信号的时序和同步性，避免产生图像模糊或延迟。

通过满足这些性能要求，传输系统能够确保监控图像的质量和完整性，为控制中心提供清晰可靠的监控画面，支持高效的监控和决策。

3. 控制部分

控制部分是整个系统的指挥中心，它的主要功能是视频信号放大与分配，图像信号的校正与补偿，图像信号的切换和记录，摄像机及其辅助部件（如镜头、云台、防护罩等）的控制等。

控制部分能遥控摄像机、镜头、云台、防护罩等，从而完成对被监视场所的监视。

控制部分一般设有录像设备，可以随时将被监视场所的图像记录下来，便于事后备查。

4. 显示部分

闭路电视监控系统的显示部分是负责呈现传输过来的图像的关键环节，通常由多台监视器、监视屏幕墙或电脑显示器组成。其主要功能是将摄像机捕捉并传输至控制中心的图像信号清晰地展示出来。

在由多个摄像机组成的闭路电视监控系统中，为提高效率和节省资源，通常不是采用一对一的方式将监视器与摄像机直接对应。相反，系统设计为一台监视器能够轮流切换显示多个摄像机的图像信号。这种方法不仅可以减少监视器的数量，有效节约设备成本，还能减少空间占用，提高控制中心的监控效率。

常见的摄像机与监视器的比例设置有4：1、8：1，甚至高达16：1，这样的比例数允许单个监视器循环展示来自不同摄像机的图像，从而实现对多个监控点的有效监控。这种设计在确保监控覆盖面的同时，也优化了资源配置和监控室的空间布局。

（三）城轨闭路电视监控系统

1. 行车指挥用监控系统

（1）车站设备

车站监视子系统是城市轨道交通安全监控的重要组成部分，由关键组件如摄像机、多点控制单元（MCU）、工作站和监视器等构成。该系统为车站值班员提供了全面的监控能力，能够实时观察乘客的上下车、出入站活动以及列车的行车情况。

MCU在系统中扮演着视频切换控制的角色，负责处理和分发视频信号，并通过快速以太网（FE）端口与车站的其他设备连接。车站的关键区域，如出入通道、站台和站厅等，安装了电荷耦合组件（CCD）摄像机，平均每个车站配备大约10台摄像机，其中包括站台上下行侧各2台，站厅和通道口共6台。

车站值班员可以通过控制键盘轻松切换监视器上的画面，对可变焦摄像机和电动云台进行精确控制。对于高架站，考虑到环境因素，通常采用户外型摄像机以适应外部环境条件。

整个系统的设计旨在实现高效的视频监控和管理，确保车站运营的安全性和流畅性。

（2）控制中心设备

控制中心的设备配置是确保城市轨道交通安全监控和有效管理的关键。控制中心的设备主要包括MCU、智能操作台、流媒体服务器以及集中维护管理终端。这些设备共同构成了一个强大的监控和管理系统。

MCU：负责视频信号的处理和切换，是实现多路视频输入和输出的核心设备。

智能操作台：为操作人员提供直观、便捷的控制界面，用于管理和操作整个监控系统。

流媒体服务器：承担着记录和存储监控视频的重要任务，其存储容量设计为能够保存一个星期内OCC所显示的所有图像信息，确保了在需要时可以回溯和分析。

集中维护管理终端：用于系统的维护和管理，确保设备运行稳定，及时响应各种维护需求。

大屏幕监视器由主控系统（MCS）统一提供，设计为能够同时显示16个画面，这样的设计使得控制中心能够对多个监控点进行同时监控，提高监控效率。在正常情况下，OCC对车站的摄像机具有优先控制权，确保在关键时刻能够迅速获取所需监控点的实时图像。

整个控制中心的设备配置体现了对轨道交通监控系统高效性、稳定性和可靠性的追求，为城市轨道交通的安全运营提供了坚实的技术支撑。

（3）传输设备

传输设备在闭路电视监控系统中扮演着至关重要的角色，负责将车站的视频信号和控制信号稳定、高效地传送至远程的控制中心。对于本地传输，通常可以直接通过电缆连接实现，但当控制中心与车站之间距离较远时，就需要依赖特定的传输设备来完成信号的长距离传输。

在车站端，分配器输出的视频信号和控制信号首先会被转换设备转换成适合传输设备的接口数据。这一转换过程是确保信号能够在传输过程中保持完整性和稳定性的关键步骤。随后，这些信号通过传输设备发送至控制中心。

到达控制中心后，中心的传输设备将接收到的信号进行转换，将它们还原为视频信号，并送往视频矩阵以及控制信号接口。视频矩阵负责分配和切换视频信号，以供监视器显示或进行进一步处理。控制信号接口则允许控制中心对车站的摄像设备进行远程操作，如调整摄像机角度或变焦等。

整个传输过程要求传输设备具备高质量的信号处理能力，以确保视频信号在传输过程中不会出现明显的衰减、噪声或失真，从而保证监控图像的清晰度和实时性。通过这样的传输机制，控制中心能够实时监控车站情况，及时响应各种事件，确保轨道交通系统的安全和有序运行。

2. 消防楼宇监控系统

消防楼宇监控系统是轨道交通企业中不可或缺的安全组成部分，尤其关键的设施如控制中心、车辆段和停车场等地都会部署这一系统。该系统由多个核心组件构成，包括前端摄像机、控制主机、视频切换设备、视频分配器、硬盘录像机以及监视器等。

系统的主要职能是实现楼宇内部的安全防范和消防监控，它通常与消防系统联动，以提高应急响应的效率。为了实现全面的监控覆盖，摄像机一般被安装在楼道、各个出入口以及关键设备机房等重要位置。

与一般的监控系统相比，消防楼宇监控系统往往采用独立的网络架构，确保视频图像仅上传至本地的监视器和硬盘录像设备，这样做既能保障信息的安全性，也便于进行本地管理和快速响应。通过这种设置，消防楼宇监控系统为轨道交通企业的重要设施提供了一层额外的安全保障，有助于及时发现和处理安全事件，减少潜在的损失。

二、广播系统

（一）广播系统的组成和分类

1. 广播系统的组成

广播系统又称扩声音响系统，它能将语音信息通过扩声系统发送，并重现声音。

广播系统主要由音源、音频放大器、扬声器系统组成。音响效果既与系统配置有关，也与播放环境有关。

（1）音源

高保真音源设备使广播系统能够重现原始声音和原始声场。常见的高保真音源设备有传声器、CD 播放器、DVD 播放器、MP3 播放器等。

（2）音频放大器

音频放大器是广播系统的核心组成部分，它由前置放大器和功率放大器两大部分构成，并且可以根据需要接入图示均衡器。音频放大器的主要任务是处理和放大音频信号，确保其能够以足够的功率驱动扬声器系统，从而产生声音。

①前置放大器

前置放大器在广播系统中扮演着音质控制的角色，它具备两个主要功能：一是选择音频信号并进行电压放大，二是对音质进行控制。它能够接收来自不同音源的音频信号，并将它们的电平调整到一个相对一致的额定水平。同时，前置放大器还会对这些信号进行处理，以恢复其原始的声音质量，最终输出高保真的音频信号。

②功率放大器

功率放大器的职责是将前置放大器输出的音频信号进一步放大，以产生足够的功率来驱动扬声器。由于功率放大器在大信号状态下工作，其动态范围宽广，容易受到非线性失真的影响。因此，它需要具备优异的动态特性。功率放大器的性能直接关系到广播系统的音质，其关键性能指标包括频率响应、谐波失真以及输出功率等。

（3）扬声器系统

扬声器系统的功能是接收功率放大器输出的音频信号，将其在不同的频率段进行分频，确保信号在还原成原始声音时不失真。这个系统由三个主要部分组成：扬声器、分频器和箱体。

①扬声器

扬声器是一种电声转换设备，在广播系统中，最常见的类型是电动式扬声器。这种扬声器通过磁场对电流通过的导体产生作用，实现电能到声能的转换。

②分频器

分频器的作用是为系统中的各个频段的扬声器选择相应的音频信号，并确保这些信号在分频时功率分配得当。它确保每个扬声器只接收到适合其工作频率范围的信号。

③箱体

扬声器通常安装在箱体中，箱体的设计有助于提升扬声器的低频响应效率。箱体可以增强低频声音的共振效果，从而改善整体的音质表现。

扬声器系统通过这三个组成部分的协同工作，能够将音频信号准确地还原成高保真的原始声音，为听众提供高质量的听觉体验。

2. 广播系统的分类

按安装方式不同，广播系统可分为流动演出广播和固定广播。

按使用场所不同，广播系统可分为公共广播、会议广播和车载广播。

按安装位置不同，广播系统可分为室内广播和室外广播。

（二）城轨广播系统的结构

1. 车站（含中心）广播系统的构成和播放信息

（1）车站（含中心）广播系统的构成

控制中心广播系统由多个部分组成，包括广播控制设备、播音操作台（含信源）、通信接口装置、状态显示装置、数字录音装置、功放和负载控制装置以及扬声器。在这些组件中，功放、负载控制装置和扬声器主要负责控制中心建筑物内部的广播功能。

车站广播设备则由广播控制盒（含信源）、综合控制装置、功放立柜、站台插播盒、音量回授控制设备和扬声器等组成。

广播系统采用车站和OCC两级控制方式。在正常操作中，控制中心作为一级控制，而各车站则作为二级控制，能够实现人工和自动广播的灵活切换。在紧急情况下，根据"就近原则"，站台和车站的广播系统将具有优先权。

控制中心作为一级中心，进一步细分为环控调度和行车调度两级，其中环控调度为一级，行车调度为二级。根据实际情况，还可以扩展其他调度的广播权限。由于广播权限的优先级与运营管理规定紧密相关，因此可以根据需要对各种优先权进行调整。这种灵活的权限设置确保了广播系统能够根据不同情况快速响应，满足运营管理和应急广播的需求。

（2）车站（含中心）广播系统的播放信息

控制中心广播系统具备高度灵活性和功能性，能够向各个车站发送多样的广播信息。控制中心可以单独选择一个车站、选择一组车站或选择所有车站的任意广播区域进行广播。在进行广播的同时，控制中心能够同步录音，并且自动记录下每次广播的日期和时间，确保广播内容的可追溯性。

此外，控制中心的广播控制设备允许预设常用的广播内容，这为控制中心的工作人员提供了便利，使得在需要快速广播时，可以迅速调用预设内容进行广播。

对于车站广播系统，其主要功能是向本站的乘客提供关键信息，包括列车的停靠和进出站信息、安全提示、导向信息，以及播放背景音乐等。同时，车站广播系统也用于向工作人员播发必要的通知，确保信息传达的及时性和准确性。

这种广播系统的设置，不仅提高了信息传递的效率，也增强了乘客和工作人员的体验，确保了信息的及时传达和应急情况下的有效沟通。

2. 车辆段广播系统的构成

车辆段广播系统既可是独立的系统，也可根据需要纳入车站（含中心）广播系统。车辆段广播设备由广播控制盒（含话筒）、功放、控制立柜以及扬声器和现场的语音插播盒等设备组成。广播控制盒（含话筒）常设于车辆段信号楼值班员、运转值班员和停车列检库值班员处。

（三）城轨车载广播系统

1. 地面列车车载广播系统

当列车在地面行驶时，车载广播系统能够接收到GPS定位信号，通常采用GPS接收机来触发自动广播功能。这个系统主要由三个部分组成：GPS接收机、车载广播控制设备和车厢扬声器系统。

（1）GPS 接收机

GPS 接收机的功能是接收来自卫星的定位信号，并将这些信号传输给广播控制设备，从而实现列车的实时信息定位。

（2）车载广播控制设备

车载广播控制设备不仅支持自动广播，还具备人工广播的功能。在紧急情况下或当 GPS 接收机出现故障时，驾驶员可以通过控制面板上的按键手动播发信息。

（3）车厢扬声器系统

车厢扬声器系统负责将广播信息传递给列车上的乘客。扬声器通常采用并联方式布置，以确保广播信息能够在车厢内各个位置清晰地被听到。

通过这三个组成部分的协同工作，列车的车载广播系统能够提供准确、及时的信息服务，无论是自动还是手动广播，都能有效地满足乘客和工作人员的信息需求。

2. 隧道列车车载广播系统

地铁列车由于通常在隧道内行驶，无法接收到 GPS 定位信号，因此需要依赖轨道电路触发设备来实现自动播发广播信息的功能。地铁隧道内的列车车载广播系统由以下几部分组成：

（1）轨道电路触发设备

这些设备安装在列车进出站时需要进行广播的轨道上，它们的作用是向车载接收设备发送列车的具体位置信息。

（2）车载接收设备

车载接收设备的功能是接收来自轨道电路触发设备的位置信息，并将这些信号传递给车载广播控制设备，以便进行后续处理。

（3）车载广播控制设备

车载广播控制设备接收来自车载接收设备的位置信息，并根据这些信息判断应当播发什么样的广播内容。此外，它还具备与地面车载广播控制设备相同的其他功能，如人工广播功能，以应对紧急情况或设备故障。

（4）车厢扬声器系统

车厢扬声器系统负责将广播信息传递给车厢内的乘客，确保信息能够清晰地被听到。

通过这些组成部分的协同工作，地铁列车的车载广播系统能够在没有 GPS 信号的情况下，准确地在适当的时间和地点自动播发信息，满足乘客和工作人员的信息需求。

（四）城市轨道交通的广播词

广播系统在轨道交通中扮演着至关重要的角色，其核心原则是及时准确地引导乘客安全、快捷地乘坐轨道交通。广播内容的制定和播放需要依据监控 CCTV 或站台岗、站厅岗的报告，通过观察、分析和掌握站台、站厅、扶梯、出入口等区域的乘客实时动态，选择适当的时机和广播区域进行信息传递。

在没有合适录音的情况下，人工广播需要事先组织好语言，然后再进行播放。广播过程中，要避免突然中断，并且严禁播放与运营服务无关的内容。

车站广播内容主要包括以下几个方面：

1. 安全广播

候车广播：提醒乘客站在黄线以内候车，注意列车进站安全，以及上下列车时的注意事项。

列车关闭车门广播：提醒乘客车门即将关闭，注意安全，避免夹伤。

雨天广播：提醒乘客因天气原因地面湿滑，行走时注意安全。

2. 末班车广播

末班车出发预报广播：提醒乘客末班车即将出发，抓紧时间上车。

停止购票进站广播：通知乘客列车服务结束，停止购票进站。

关站广播：告知乘客车站即将关闭，提醒尽快出站。

3. 非正常情况下广播

险情疏导广播：在车站发生险情时，指导乘客听从工作人员指引，迅速离开。

列车故障清客广播：通知乘客列车故障，需要退出服务，并建议改乘其他交通工具。

列车延误广播：告知乘客列车延误，并建议赶时间的乘客改乘其他交通工具。

列车通过本站广播：通知乘客列车在本站不停车，提醒注意安全并耐心等待。

车站拥挤广播：提醒乘客车站拥挤，建议出站乘客尽快离开。

自动售票机故障广播：通知乘客自动售票机故障，建议到售票窗口购票。

4. 其他广播

安全广播：提醒乘客在车站内不要吸烟、吐痰或乱扔废弃物，如有物品落入轨道，请联系工作人员。

出闸广播：指导乘客如何正确使用闸机出站。

进闸广播：告知乘客如何使用闸机进站，并提醒妥善保管车票。

自动扶梯安全广播：提醒乘客乘坐自动扶梯时注意安全，避免危险行为。

购票须知广播：告知乘客单程票的使用规则和有效期限。

通过这些细致周到的广播内容，轨道交通能够为乘客提供清晰、及时的信息服务，确保乘客的出行安全和便利。

第三节　其他系统

一、时钟系统

（一）GPS 时钟

1. 关于时间的基本概念

时间频率标准源主要由晶体钟、铷原子钟、氢原子钟和铯原子钟构成。晶体钟因其便携性而被广泛应用，然而，其时钟精度会随着环境因素的变化而受到影响，长时间运行后会逐渐老化，导致长期精度漂移。虽然原子钟的精度非常高，但即使是这些精密的仪器，在长时间使用后也会累积一定的误差，需要定期进行校准以保持其准确性。

定时的过程涉及对本地钟进行校准，以确保时间的准确性和可靠性。这一过程旨在消除本地时间与参考时间标准之间的差异，确保时间的正确性。授时则更进一步，通过某种机制将已校准的时间信号分发至其他系统或设备，使得这些接收端的时间与基准时间保持一致，实现远程的时间同步。

时间同步是一个关键步骤，用于确保母钟与子钟的时间保持精确对应。这一过程通过同步信号传输来实现，保证所有相关设备在时间上的一致性，这对于需要高度协调的时间应用至关重要，例如在通信网络、电力系统、交通运输等领域。在完成了初始的校准之后，各个系统需要维持与标准时间的同步，即守时。这意味着在执行时间校准之后，每个系统应持续跟踪并更新其本地时间，与标准时间保持一致，确保时间序列的连续性和稳定性，以满足各种应用的需求。

这些概念在时间频率管理中非常重要，涉及时间的测量、校准、传输和保持等多个方面，确保时间的准确性和一致性。

2. GPS 时钟的实现

时钟系统通常利用全球定位系统（GPS）来获取标准时间信息。GPS 时钟系统的工作原理大致如下：GPS 接收模块通过接收天线捕获来自 GPS 卫星的信号，然后将这些信号传递给微处理器进行处理以提取准确的时间数据。提取到的标准时间信息可以在液晶显示屏上显示出来，或者通过外部接口（例如串行端口或以太网接口）发送给其他外部设备，为它们提供同步的时间基准。当这种基于 GPS 的母钟系统应用于城市轨道交通系统时，可以确保整个运营网络具有高度统一且精准的时间标准，而且该系统能够实现自动校准，减少了对人工干预的需求。

（二）城市轨道交通时钟系统功能

1. 显示统一的标准时间信息

时钟系统提供全线统一的时间基准，由设置在全线各站、车厂的指针式和数字式子钟显示，为乘客和工作人员提供包括年、月、日、时、分、秒等准确时间信息。

2. 向其他系统提供标准时间信号

时钟子系统在控制中心扮演着至关重要的角色，它能够为包括通信子系统、ATS、数据采集与监视控制（SCADA）系统、电力监控系统、火灾自动报警（FAS）系统以及自动售检票（AFC）系统在内的关键系统提供精确且统一的时间信息。通过在整个轨道线路上建立统一的时间基准，时钟子系统为轨道交通的操作指挥、列车调度以及设备维护管理提供了必要的基础支持。这种统一的时间管理确保了各通信系统与关键控制系统之间的高效协调和同步运行，极大地提高了轨道交通系统的整体运营效率和安全性。

（三）城市轨道交通时钟系统组成

时间频率标准源的设置和管理是确保轨道交通系统中时间同步和准确性的关键。以下是轨道交通系统中时间频率标准源的组成和功能：

1. 中心母钟

也称一级母钟，位于控制中心，由主时钟、备用时钟、时钟信号处理单元、产生及分配单元和监控终端等构成。中心母钟作为整个系统的基础主时钟，能够接收两种标准时间信号：GPS 时钟作为主用时钟，CCTV 时间信号作为备用时钟。主备钟之间能够自动切换，互为备用。

2. 二级母钟

设置在各个车站和车辆段，定时接收来自一级母钟的时间编码信息，以消除时间的累计误差。二级母钟具备自己的振荡源，在一级母钟或传输通道发生故障时，仍能驱动子钟并发出告警。此外，二级母钟还具有多路数字式和指针式输出接口。

3. 子钟

安装在控制中心调度室、车站综合控制室、牵引变电所值班室、站厅以及与行车有关的办公室等地点，为行车部门和乘客提供准确统一的时间信息。子钟分为数显式子钟和指针式子钟两种类型。

4. 网络管理维护监控终端

设在控制中心，便于控制中心的维护管理人员对全线时钟系统设备进行监控和管理。

5. 传输通道及接口

一级母钟与二级母钟之间的传输通过通信传输网络实现，接口暂定为 RS422。分配给其他系统的时间信息接口也暂定为 RS422。二级母钟与子钟之间的连接则通过电缆实现。

通过这样的设置，轨道交通系统能够确保时间的精确同步，为运营提供强有力的时间保障。

（四）城市轨道交通时钟系统组网模式

城市轨道交通中的时钟系统通常采用两种不同的组网模式来确保整个网络的时间准确性及一致性。

在时钟系统的设计中，有两种主要的网络组织方式：独立组网模式与混合组网模式。在独立组网模式下，整个系统结构采用控制中心与各个车站两级分层设计。控制中心一级母钟通过接收 GPS 时间信号进行校准，并产生稳定的时间基准。此基准信号通过传输系统递送到各个车站、车辆段及停车场的二级母钟，二级母钟则负责校准其下属的全部子钟，确保车站内所有时钟显示一致的时间信息，以满足乘客与工作人员的时间需求。同时，一级母钟还为控制中心内的其他系统提供统一的时间基准，保障各系统之间的时间协调与同步。

混合组网模式则保留了各车站的二级母钟结构，但在站厅和站台层面，去除了独立的子钟设置。取而代之的是，一级母钟在控制中心直接为乘客信息系统的显示终端提供时间信号，或者由车站的二级母钟向乘客引导设备发送时间信号。乘客信息系统的显示终端，在站厅与站台上提供固定的时钟窗口，展示列车到发时间、乘车指引等信息，同时也能播放新闻、广告及娱乐内容等额外服务信息。两种模式均有效实现了轨道交通系统内部时间的一致性，不仅提升了运营效率，也增强了服务质量。

二、乘客信息系统

（一）PIS 的功能

1. 紧急信息功能

乘客信息系统（PIS）在轨道交通中扮演着至关重要的角色，特别是在紧急情况下，它能够及时向乘客和工作人员传达关键信息。以下是 PIS 在紧急信息处理方面的两个主要功能：

PIS 拥有预先设定紧急信息的功能，支持多种紧急灾难告警模式，以便在自动或人工触发情况下迅速响应并进入告警状态。在控制中心的操作员工作站，工作人员能够预设不同类型的紧急灾难告警模式，比如火警、洪水等，并针对每种情况设置特定的警告信息和发布参数。一旦灾难发生，无论由自动报警系统触发还是人工干预启动，PIS 都能即刻切换至相应模式，并利用终端显示屏向公众呈现警告信息以及人员疏散指导。

此外，考虑到不可预测的灾难事件，PIS 具备即时编辑和发布紧急信息的能力。通过控制中心或车站的操作员工作站，操作人员能够在紧急情况下快速编辑各类警告信息，并立即将其传播至选定的终端显示屏。这一功能确保了在突发情况下，PIS 能够迅速响应，为乘客提供实时的危机提示和必要的疏散指引，从而增强整个系统对紧急情况的应对能力。

通过这两种方式，PIS 确保了在紧急情况下能够向相关人员提供准确、及时的信息，帮助他们做出适当的反应，从而提高轨道交通系统的安全性和可靠性。

2. 显示信息功能

PIS 在轨道交通中提供多种信息服务，以增强乘客体验和确保信息的及时传递。以下是 PIS 的三个主要服务功能：

车站子系统的车站服务器负责实时接收来自 ATS 的列车服务信息，并通过控制指定的终端显示器向乘客展示这些信息。展示的信息涵盖了多个方面，包括但不限于：下一班列车的预计到达时间、详细的列车时间表、列车可能出现的堵塞或异常情况，以及特殊的列车服务安排。这样的实时更新能够有效帮助乘客掌握列车运行状态，做出恰当的出行决策。

PIS 还具有精准的时钟同步功能，能够从时钟系统中读取并校正整个系统内的所有设备时钟，确保终端显示屏幕上的时间显示准确无误。同时，在播出各类信息的同时，屏幕还会显示日期和时间，为乘客提供即时的时间参考。

PIS 的显示内容不仅限于上述信息，还包括实时更新的新闻、天气预报、公告等动态内容。这些实时信息会根据数据库的更新即时刷新，既可实现自动化更新，也可由操作员根据需要进行人工干预。操作员可以利用车站操作员工作站或控制中心操作员工作站即时编辑特定的提示信息，并将其发布至指定的终端显示屏，以提醒乘客注意重要事项。此外，系统还允许操作员设定不同级别的信息显示方式，如高优先级的特别信息或紧急信息。当此类高优先级信息出现时，系统能够即时中断当前播放的内容，确保关键信息的及时传达，确保乘客能够得到及时、准确的信息。

通过这些功能，PIS 不仅提高了乘客获取信息的便利性，还增强了轨道交通系统在特殊情况下的应急响应能力。

3. 广告播出功能

PIS 在城市轨道交通中不仅提供信息服务，还可以作为一个多媒体广告发布平台，为运营方创造额外的广告收入。以下是 PIS 在广告发布方面的操作流程：

广告编辑：在广告中心子系统中，可以预先制作和编辑各种商业广告节目，这些节目可以是视频、图像或文本形式，以吸引乘客的注意力。

广告审片与排期：通过广告审片/广告管理工作站，对编辑好的广告内容进行审查，并根据广告合同和策略编辑时间表。时间表中指定了广告节目的播放顺序和播放位置，确保广告内容的合理分布和有效展示。

广告发布：最后，将编辑好的时间表和广告节目数据发送至指定的终端显示屏。这些显示屏可以分布在车站、站台、车厢等乘客密集区域，与其他各类信息同步播出，既可以提高系统工作效率，也能最大化广告的覆盖率和影响力。

通过这种方式，PIS 不仅能够为乘客提供实时的交通信息和服务提示，还能有效地利用多媒体资源，为城市轨道交通带来额外的经济效益。同时，这也为广告商提供了一个高曝光率的平台，实现了多方共赢。

4. 定时自动播出功能

PIS 可以提供一套完整的定时播出功能。信息的播出可以采用播出表播出的方式，系统可以根据事先编辑设定好的播出列表自动进行信息播出。播出列表可以以播出列表、周播出列表、月播出列表的形式定制。

（二）PIS 功能的实现方式

PIS 在城市轨道交通中的应用非常广泛，具有以下特点和功能：

PIS 设计了多项关键功能，旨在构建一个高度兼容、灵活高效的信息发布平台。首先，PIS 广泛兼容多样化的终端显示屏，包括视频双基色 LED 屏、视频全彩 LED 屏、双基色 LED 图条屏、带触摸功能的 PDP 屏等多种设备，同时也支持 LCD 显示屏、投影仪、CRT 显示屏、电视墙等现代多媒体显示手段，以满足不同环境与需求下的信息展示要求。

其次，PIS 实现了多区域屏幕分割显示技术，通过将等离子屏幕划分为多个区域，可在同一屏幕上分时展示文字、图片和视频等多种内容。这种设计能够有效吸引乘客的注意力，提高信息传递效率，每个子窗口均能独立设定播出时间表，分别展示列车服务信息、乘客引导信息、商业广告信息、站务信息、公共信息、多媒体时钟等。更高级别信息可实现全屏播放，最大支持 10 个以上显示区域，显著提升了信息播放的丰富性和多样性。

此外，PIS 提供灵活多样的显示功能，所有车站的 PDP 屏和 LED 屏作为相对独立的终端，中央和车站操作员能够直接控制每块屏幕的显示内容，允许在同一时间内根据不同需求定制显示信息。对于实时电视信号，各车站配备解码设备，确保信号源同步进入系统。中央及车站操作员可根据需要灵活编排图像播放，每路实时图像均可选择在任意 PDP 屏和全彩 LED 屏上展示。

最后，PIS 采用了全数字传输技术，从中央信号采集到 IP 网关封装，再到同步数字传输序列（SDH）的传输，全程采用数字方式，避免了传统模拟信号转换过程中可能引起的质量损失。数字视频流信号通过专用设备解码后，以数字 DVI 视频信号的形式在 PDP 和 LED 屏幕上显示，确保了高保真、高质量的图像输出，达到了广播级的显示效果。

这些先进的功能组合使 PIS 成为一个功能强大、适应性强、信息呈现效果优秀的城市轨道交通信息管理与发布系统，极大地提升了乘客体验和运营效率。

（三）PIS 系统支持的信息类型

PIS 是一个综合性的信息平台，旨在全方位满足乘客的需求，保障其安全、便捷地完成行程。该系统整合了多种类型的信息，包括但不限于紧急灾难信息、列车服务信息、乘客引导信息、一般站务信息和公共服务信息、商业信息等，以确保乘客在任何时候都能获取到必要的信息。

紧急灾难信息包含了自然灾害预警（如火灾、台风、洪水）、紧急出口指示、疏散路径指南，以及关乎乘客人身安全的临时通知，比如关于乘降安全的操作指南。列车服务信息则涉及列车运行时间表、列车异常状态通知（如延误、中断服务），以及列车预计到站时间的实时更新，帮助乘客合理规划行程。乘客引导信息则提供了动态的导航指导，包括紧急情况下的逃生路径、服务结束的通告、换乘站的指引以及与地面交通的接驳信息。

一般站务信息和服务信息涵盖了日期、时间、票务详情、公益宣传、天气预报、新闻概要、地面公共交通连接资讯以及公共安全提示等内容。商业信息则包括了商业广告的视频播放、品牌宣传片的展示、图文形式的广告宣传，以及各类分类广告的推广，服务乘客的同时也满足商家的营销需求。

这些信息通过多种渠道向乘客传达，包括但不限于车站内的显示屏、广播系统以及移动端应用等，确保乘客能够及时、全面地获取所需信息，并据此做出相应的决策。这样的一体化信息解决方案，极大地提高了乘客的出行体验和安全性，体现了城市轨道交通系统人性化与现代化的服务理念。

（四）PIS 信息显示的优先级

在城市轨道交通系统中，PIS 作为核心设施之一，不仅承载着保障乘客安全、顺畅出行的重要使命，还负责提供实时列车信息、乘客引导、一般站务通知、公共服务信息以及商业信息等功能，旨在提升乘客体验并促进经济活动。在这样的背景下，明确的信息显示优先级成为设计和操作 PIS 的关键要素，旨在确保信息的有效传达，同时维持系统的高效运行。以下是对 PIS 信息显示优先级的具体规定：

1. 信息类型优先级

按照紧急程度和重要性排序，PIS 中的信息优先级依次为紧急灾难信息、列车服务信息、乘客引导信息、一般站务信息及公共信息、商业信息。这种分级体系确保了在面对突发事件时，最迫切、最关键的信息能够迅速被乘客接收到，从而有效应对紧急情况，保护乘客生命安全。

2. 优先级信息的中断规则

高优先级信息具备中断低优先级信息的权限，这意味着当紧急灾难信息或列车服务异常等直接影响乘客安全或出行的信息出现时，系统将自动暂停或中止较低优先级的信息播出，确保关键信息得到优先处理和传播。与此相对，低优先级信息则无权中断高优先级信息的播出。在发生紧急状况时，系统会立即切换至紧急模式，自动中断当前播出的内容，以显著的方式向乘客发出紧急疏散指令，并持续直至危险解除，以确保乘客能及时采取正确的行动。

3. 同等优先级信息的播出顺序

对于具有相同优先级的信息，PIS 会按照设定的时间播出列表的顺序进行播出，遵循先进先出的规则，确保信息播出的公平性和有序性。

通过这样的设计，PIS 能够灵活而高效地管理不同类型信息的播出，既保证了紧急情况下的快速响应，又满足了日常运营中对各类信息服务的需求，从而提升了乘客的出行体验并保障了运营的安全。

第五章　城市轨道交通通信系统与新技术

第一节　城市轨道交通通信系统

一、城市轨道交通通信系统概述

（一）通信系统的模型

在通信系统中，信息的传输是一个复杂的过程，涉及多个组成部分和步骤，以下是对这些组成部分的描述：

1. **信源和信宿**

信源是信息产生的起点或信息形成者，可以是模拟信号源或离散信号源。

信宿是信息的接收者，即信息的目的地。

模拟信源，如电话机和电视摄像机，输出的是幅度连续的模拟信号。

离散信源，如电传机和计算机，输出的是离散的符号序列或文字。

2. **发送变换器**

发送变换器的基本功能是将信源产生的消息信号转换为适合传输的信号形式，并将其发送到传输介质。

为了满足特殊需求，发送变换器可以对信源信号进行处理，包括多路复用、保密处理、纠错编码等。

3. **信道**

信道是信号传输的通道，可以分为狭义信道和广义信道。

狭义信道仅指信号的传输介质，如架空明线、电缆、光导纤维、自由空间等。

广义信道包括信号的转换设备，如发送、接收设备，调制解调设备等。

信号在信道中传输时，会受到热噪声、干扰和衰落的影响，产生信道噪声。

4. **接收变换器**

接收变换器的作用是处理来自信道的、可能带有干扰的信号，并从中提取出原始信息。

它完成发送变换过程的逆变换，包括解调、译码等，以恢复信源的原始消息。

整个通信过程需要确保信号在发送、传输和接收过程中的准确性和完整性，同时也要考虑到信号的安全性和可靠性。通过这些组成部分的协同工作，通信系统能够实现有效的信息传递。

（二）通信系统的组成

通信网络由多个关键部分组成，每个部分都有其特定的功能和角色：

1. 终端设备

终端设备位于通信网络的边缘，供用户直接使用。

它们的主要功能是将用户生成的各种信息（声音、数据、图像等）转换为适合在信道上传输的电信号，实现信息的发送；同时，也能将接收到的电信号转换回用户可识别的形式，完成信息的接收。

终端设备的种类繁多，包括普通电话机、移动电话机、电报终端、计算机终端、数据终端传真机、可视图文终端等。

2. 传输设备

传输设备构成了信息传输的通道，也被称作通信链路。

它包括传输介质以及用于延长传输距离和改善传输质量的相关设备，负责将电磁波信号携带的信息从源头传送到目的地。

传输设备连接终端设备和交换设备，形成完整的网络结构。

根据传输介质的不同，传输设备分为有线传输（如明线、双绞线、同轴电缆、光纤等）和无线传输（如长波、短波、超短波和微波等）。

3. 交换设备

交换设备是通信网络的核心，负责组网的关键功能。

其基本功能是汇集、接续和分配接入的链路，以实现不同通信链路间的信息交换。

交换设备对不同业务（话音、数据、图像通信等）有不同的要求。例如，电话业务网要求交换设备具有强实时性，因此主要采用电路交换方式，直接接续通话电路。

对于计算机通信的数据业务，由于数据终端或计算机速率多样，为了提高链路利用率，可以采用分组交换方式。在这种方式下，流入的信息流被分组、存储，然后转发到所需的链路上，这种方式能高效利用传输链路，分组数据交换机就是基于这种原理进行交换的。

这些组成部分共同工作，确保了通信网络的高效运行和信息的顺畅传输。

（三）通信网的分类

通信系统按照不同的分类标准可以被划分为多种类型，这些分类主要根据信源的物理特征以及传输信号的特征来区分。

1. 按信源物理特征分类

通信系统根据信源发出消息的物理特性，大致可以分为四类：电话、电报、数据、图像。电话通信是其中最为成熟和普及的形式，其技术发展水平较高。对于其他形式的消息，如电报、数据和图像等，通常需要依赖公共电话通信系统来进行信息传递。具体来说，电报通信往往采用电话系统的单一话路或部分频带进行传送；而电视信号或图像信号，则可以利用多个话路组合成一个信道进行传输，以此来满足高速传输的需求。

2. 按传输信号的特征分类

通信系统依据传输信号的特性，可以进一步细分为模拟通信系统和数字通信系统两大类。数字通信系统展现出显著的优势：

抗干扰能力更强：数字通信系统通过再生中继器能够有效消除噪声积累，显著提高了信号的稳定性。

可靠性更高：通过引入差错控制技术，数字通信系统能在一定程度上纠正传输过程中的错误，从而保证信息的准确传递。

灵活性与兼容性：数字信号便于进行处理和分析，与计算机技术的结合使得通信网络更加综合化、智能化。

多功能性：数字通信系统能够实现传输与交换的融合，支持包括电话、数据、图像在内的多种业务，为综合业务数字网（ISDN）的构建提供了可能。

小型化与集成化：数字通信系统在技术上更利于实现集成化和微型化，有助于降低设备成本、提高系统效率。

3. 按通信网的拓扑结构分类

通信网络按照拓扑结构可以分为网型网、星型网、复合网、环形网和总线型网等。

网型网：任何站点都直接与其他站点互连，形成网状结构，网络稳定性和接续质量较好，但线路利用率不高。

星型网：所有站点通过中央结点连接，单个站点故障不影响整个网络，但中央结点的故障会对网络产生影响。

复合网：结合网型网和星型网的特点，以星型网为基础，在通信量较大的区间形成局部网型网结构。

环形网：站点首尾相连形成环状，数据沿单方向传输，保证了站点访问的公平性，但站点故障可能引发全网故障。

总线型网：所有站点连接在一根公共传输线上，结构简单易于扩展，但故障检测较为困难。

4. 按业务类型分类

通信网络根据所提供的业务类型可以分为电话网、电报网、数据网、传真网、移动通信网、ISDN 等。

电话网：包括市内、农村、本地和长途电话网。

电报网：包括公众电报网、用户电报网和智能用户电报网。

数据网：包括公众数据网和专用数据网。

传真网：包括本地、地区性和全国性传真网。

移动通信网：包括本地和漫游移动通信网。

ISDN：包括本地和全国性 ISDN。

5. 按运营方式分类

通信网络按照运营方式可以分为公用网和专用网。

公用通信网：即公众网，面向全社会开放。

专用通信网：相对于公用通信网而言，是由特定部门自建或租用电路，专供本部门内部业务使用的通信网，例如城市轨道交通、铁道、石油、水利电力等部门。

（四）城市轨道交通通信系统的组成

城市轨道交通专用通信系统是由多个相互配合的子系统组成的综合体系，主要包括传输系统、公务电话系统、专用有线调度电话系统、无线列车调度系统、闭路电视监控系统、车站广播系统、时钟系统、旅客信息引导显示系统、防雷系统、光纤在线监测系统、动力环境监测系统以及不间断电源系统等。这些子系统共同服务于运营控制中心、车站、车辆段、维修中心及车站内的各个区域，覆盖了城市轨道交通运营服务的所有关键区域。虽然每个子系统都是相对独立的，但它们之间能够协同工作，在不同的运营环境中保证通信的顺畅和高效。此外，每个子系统都具备自我检测和故障报警功能，确保了整个通信系统的稳定性和可靠性。

（五）城市轨道交通通信传输设备

1. 通信系统需要传输的信号形式

在通信系统中，各个子系统的信息需统一汇聚并上传至中央控制中心，而控制中心则需要通过同样高效的传输机制将指令与控制信息精准送达各车站。这一过程涉及的信号转换，是确保通信流畅与准确性的重要环节。信号的转换接口形式多样，包括但不限于 E1 接口、RS422 接口、RS485 接口以及以太网接口等。每种接口形式都有其特定的应用场景和优势，如 E1 接口通常用于高带宽、高质量的语音与数据传输，而 RS 系列接口则因其抗干扰性强、成本较低在工业控制和远程监控等领域广泛应用。以太网接口则凭借其广泛的兼容性和灵活性，成为现代网络通信中的主流选择。通过这些物理接口的转换与集成，通信系统得以高效稳定地实现信息的双向流动，确保了整个网络架构的顺畅运行。

2. 传输系统组网模式

城市轨道交通的传输系统主要由三部分构成：车站设备、控制中心设备以及传输线路。具体来说：

1. 车站设备：这部分负责将车站内各系统产生的电信号转换为光信号，并通过光缆线路发送至控制中心。

2. 控制中心设备：它负责接收从车站传来的光信号，并将其转换为各通信子系统及其他相关系统所需的电信号。此外，控制中心还配备有网络管理系统，用于实时监测整个网络设备的运行状态，具备系统参数配置、故障统计分析、报表输出以及用户权限管理等功能。

以上两部分加上传输线路共同构成了一个完整且高效的通信传输系统，确保了信息在城市轨道交通中的顺畅流通。

3. 传输系统的组网类型

城市轨道交通通信系统采用了多种先进的传输技术来确保信息的有效传输与处理。以下是几种常用的关键技术及其特点：

（1）同步数字传输序列（SDH）

SDH 网络是由网元与光纤相互连接构成的通信体系，其功能涵盖了信息的同步复用、传输、分插以及交叉连接。SDH 采用一套标准化的信息同步复用等级，即同步传输模块，并具备一种块状帧结构，该结构内嵌有丰富用于网络管理与维护的开销比特。其独特的设计不仅提供了强大的网络运行支持，而且为网络的运行、管理和维护提供了便捷。此外，SDH 统一的网络节点接口显著简化了不同信号之间的互通和传输流程。

作为一项成熟且先进的光纤传输技术，SDH 凭借其可靠稳定、高效精确的特点，在城市轨道交通通信领域得到了广泛的应用与推广。它不仅能够满足轨道交通系统中对大容量数据传输的需求，同时也为系统的安全与可靠性提供了有力保障，进一步提升了城市轨道交通的运营效率与服务质量。

（2）异步传输模式（ATM）

ATM 是一种面向连接的传输技术，其技术特点是能够根据业务需求动态分配网络带宽，提高带宽利用率，并且提供严格的服务质量保障，具备良好的流量控制能力和快速的故障恢复机制，从而确保网络的高度可靠性。

（3）弹性分组环（RPR）

RPR 是为了优化数据包传输而设计的一种技术，它采用基于环形结构的带宽空间复用方式，融合了千兆以太网的成本效益、SDH 对于延迟和抖动的严格保障、可靠的时间同步以及 50 毫秒级别的环网保护特性等优点。RPR 能够确保语音、数据和视频等多种业务在同一平台上高效传输，因此在城市轨道交通以及其他网络运营商领域有着广泛的应用案例。

二、学习有线电话系统

（一）公务电话系统

1. 公务电话系统的组成

（1）程控数字交换机

程控数字交换机是现代通信系统中的关键设备，其结构和功能如下：

①程控数字交换机的结构

话路系统和控制系统是程控数字交换机的核心组成部分，它们共同确保了通信的高效与可靠性。话路系统主要由交换网络、外围电路以及相应的组件构成，各组件协作以实现信号的传输与处理。

用户电路是话路系统中的关键组件之一，它们作为交换网络与用户线之间的桥梁，不仅传送语音信息，还隔离其他信号如铃流，同时保护交换网络不受干扰。中继器则是程控数字交换机与其他交换机间的连接点，中继线负责将不同系统或远距离传输设备相连接，其中包括模拟中继器和数字中继器，并根据需要区分成出局中继与入局中继。

扫描器用于收集和监测用户信息与中继线的状态变化，将其信息传递给控制部分，以便进行实时监控与管理。网络驱动器则在中央处理系统的指令下执行通路的建立与释放操作，确保通信的连续性。话路接口，或称信号接收分配器，协调着信号的接收、传送与分配，保证信息流通的顺畅无阻。

控制系统是整个交换系统的神经中枢，负责呼叫处理和系统的整体运行管理、监测与维护。其硬件组成包括中央处理器（CPU）、存储器与输入输出系统。中央处理芯片可以选用通用数字计算机的中央处理芯片或是专门设计的芯片，以适应不同需求。存储器则用于存放交换系统的常用程序、当前执行的程序以及执行数据，以确保系统稳定运行。输入输出系统包括键盘、打印机等，用于指令接收与数据打印，而外存储器则负责存储常用运行程序，以便在需要时调入内存储器使用。这些组件的协同工作，共同支撑着交换系统的高效运作，为用户提供无缝的通信体验。

②程控数字交换机的优越性

程控数字交换机能够提供多种新的用户服务功能，例如缩位拨号、来电显示等，增强了用户体验。

该系统还具有维护管理方便、可靠性高、灵活性强等特点，使其在现代通信网络中占据重要地位。

通过这些结构和功能的组合，程控数字交换机不仅提高了通信的效率和质量，还为用户提供了更加丰富和便捷的服务。

（2）公务电话系统的组网模式

在轨道交通企业中，公务交换系统的部署通常服务于沿线的各个车站、段厂和控制中心等地点，其覆盖范围可以从几千米延伸至几十千米。为了实现这一广泛的覆盖范围，通常会在各车站加装远端模块。这些远端模块通过 E1 中继链路与主交换机相连，进而使得车站的电话可以直接接入到远端模块上，实现与整个公务交换系统的通信。这种架构不仅简化了网络部署，还提高了系统的灵活性和扩展性。

2. 公务电话系统的号码分配及功能

城市轨道交通企业的公务电话系统是一套专为企业内部通信设计的电话网络，其特点和功能如下：

（1）号码分配

存在两种电话号码分配方式。第一种是系统号码不与公共电话网络相连，此时号码可以根据企业的具体应用需求自行分配。

第二种方式是系统通过中继线与外部公共电话网络连接，此时需要由电信局分配一个号码段，然后企业内部在这个号码段内根据需求自行选择并分配号码。

（2）公务电话系统的功能

系统提供了一系列提高通信效率和改善用户体验的功能，具体包括：

①缺席用户：当用户 A 不在时，电话局提供语音服务代答，避免对方反复拨号。

②缩位拨号：允许用户将长号码通过 1~2 位自编代码简化。

③热线服务：用户摘机后在规定时间内不拨号，系统自动接通预设的"热线"号码。

④呼出限制：限制用户拨打国际和国内长途电话，但不影响市内电话。

⑤闹钟服务：电话机按预定时间自动振铃提醒用户。

⑥转移呼叫：将所有来电自动转移到用户临时指定的话机上。

⑦遇忙回叫：在对方电话忙时，用户挂机等候，一旦对方电话空闲，系统自动回叫接通。

⑧免打扰服务：在用户不希望被打扰的时段内，避免接收来电。

⑨呼叫等待：当用户 A 正与 B 通话时，C 呼叫 A，A 会听到等待音，可选择与 C 通话或让 C 等待。

⑩三方通话：用户可以在不中断当前通话的情况下，邀请第三方加入通话。

⑪主叫号码显示：向被叫用户提供主叫用户的电话号码。

这些功能共同构成了一个高效、灵活且用户友好的公务电话系统，满足了企业内部通信的多样化需求。

（二）专用电话系统

1. 专用电话系统的结构

（1）调度通信

①调度电话系统的组成

调度电话系统是一个全面而复杂的信息通信网络，它涵盖了行车、电力、防灾、环境与设备监控等多个关键领域的调度电话需求，旨在确保各个部门之间能够高效、迅速地进行沟通与协作，提升整体运营效率与安全管理水平。

该系统的主要构成要素包括中心调度专用主控设备、车站与车辆段/停车场的专用主控设备、调度电话终端、调度电话分机以及维护终端等。中心调度专用主控设备作为系统的核心，承担着信息汇集与调度指挥的任务；车站与车辆段/停车场的专用主控设备则负责区域内的调度与信息处理；调度电话终端与分机则是直接服务于特定岗位工作人员的通信工具，满足日常调度与紧急情况下的通话需求。

具体而言，调度电话终端主要被安装在控制中心的各调度台上，方便调度人员集中指挥与监控。行车调度电话分机则被置于各车站的行车值班员处以及车辆段信号楼的行车值班员岗位，确保列车运营过程中的指挥调度无缝对接。电力调度电话分机的配置更为细致，一般在各变电所的主控制室和低压配电室设有分机，此外，考虑到特定需求，还会在其他重要地点增设分机，确保电力系统的稳定与可靠运行。对于防灾、环境与设备监控系统而言，其调度电话分机应设置在各车站、车辆段的综合控制室以及车辆段的消防控制室，以实现实时监控与快速响应，保障安全环境与设备的良好运行状态。

通过这样的布局设计，调度电话系统不仅实现了对各个岗位通信需求的全覆盖，而且优化了信息传递的路径，提高了响应速度与决策效率，是现代轨道交通、电力、防灾减灾等领域不可或缺的信息通信基础设施。

②调度电话系统的功能

控制中心调度系统是城市轨道交通运营管理的核心，其设计和功能需要满足高效的通信和调度需求。以下是该系统的关键特点和功能：

A. 调度台通信能力：

调度台能够对下属分机进行个别呼叫、分组呼叫和全部呼叫。

实现强插、强拆和优先级控制等功能，确保通信的灵活性和控制力。

系统设计保证任何情况下通信都不会发生阻塞。

B. 调度员间通信：

控制中心总调度员能够与各系统调度员实现直接通话，便于协调和指挥。

C. 协调和监视：

总调度员负责协调和监视行车、电力、环控（防灾）、维修等调度员的控制操作，确保运营的顺畅和安全。

D. 直接通话：

行车调度员、电力调度员、环控（防灾）调度员、维修调度员能够与各站（段）相应值班员进行直接通话，提高响应速度和沟通效率。

E. 呼叫识别：

调度分机可以对调度台进行一般呼叫和紧急呼叫，调度台应能识别并按顺序显示呼叫分机号码，区分呼叫类型。

F. 通话限制：

各调度系统间的分机、调度系统内的分机之间不允许进行通话，以避免干扰和混乱。

G. 通话记录与自检：

调度台与分机的通话在控制中心应能自动记录，确保通信的可追溯性。

控制中心的调度设备应具备自检功能，能够对整个调度系统进行检测，并显示检测结果。

调度系统还应具备通话录音功能，以便在需要时回放和分析。

通过这些功能，控制中心调度系统能够为城市轨道交通的运营管理提供强有力的通信支持，确保调度命令的及时传达和执行。

（2）站场通信

站场通信系统通常采用直通电话，包括室内普通分机和室外或站台上的紧急电话。紧急电话机采用单键式设计，配备外置扬声器，紧急情况下只需按下按键即可与值班室进行通话。

站内通信系统主要用于行车值班室或站长与本站内涉及运营业务的相关人员进行通话联系。

场内通信系统主要负责满足车辆段与停车场内部的交通指挥、乘务运行、段场调度管理及车辆检修人员之间的专用通信需求。每个车辆段或停车场均安装有专用调度电话，能够实现与行车调度的联系，并能向下级段场内的专用调度电话分机进行通信。这些沟通方式与调度通信具有相似性。

站场直通电话系统采用的是中心点对多个终端的辐射式集中连接结构，确保车站值班员、车辆段和停车场信号楼的值班员、车辆段运转值班员、列检值班员、信号维修值班员等可以与所属站场内的各个部门之间建立起直接的通话线路。这个系统设计仅允许值班员与分机进行互相关联和交流，禁止分机之间直接进行通话。

（3）站间通信

站间通信指的是相邻车站之间进行的点对点通信方式，专用于值班员之间进行通话联络。在站间通信中，车站值班员通常将按键式操作台作为值班台使用，通过单键操作就能实现与相邻站的通话。这种设计旨在简化操作流程，提高通信效率，确保相邻车站间的顺畅沟通。

（4）区间通信

区间电话主要功能是提供驾驶员、区间维修人员与邻近车站值班员以及其他相关部门之间的通信联系渠道。这类设备在铁路系统中的应用极为广泛，特别是在确保高效、安全的列车运行方面发挥着关键作用。

区间电话的设置形式有多种，其中最常见的两种是区间通话柱与轨旁电话。区间通话柱通常设置于铁路沿线的显著位置，方便相关人员随时进行通话；轨旁电话则直接安装在轨道旁边，以适应可能频繁需要与控制中心沟通的操作场景。鉴于这些设施经常暴露于室外或隧道内，面对各种恶劣环境条件（如潮湿、高温、灰尘、低温以及人为破坏的风险），它们的设计与安装都需满足严格的技术标准和安全规范。这包括但不限于具备良好的防水、防火、防尘、防冻性能，以及足够的抗冲击与耐久能力，以确保即便在极端条件下也能稳定运行，提供可靠的通信服务。

区间电话业务一般分为两种模式：

区间专用电话：在这种模式下，用户摘机后需要拨号呼叫，由车站分机根据所拨号码进行转接。

区间直通电话：在这种模式下，用户可以直接选择要通话的对象，通常包括上下行车站、行车调度员、电力调度员、信号维修、通信维修、线路桥梁维修等部门。用户摘机后即可直接接通这些部门。

这些功能确保了区间通信的高效性和可靠性，支持城市轨道交通的安全运行和维护工作。

2. 专用电话系统的组网模式

城市轨道交通中的专用电话系统可以根据不同的运营和管理需求，采取不同的组网模式，以下是四种主要的组网方案：

1. 方案一（合设节省成本方案）：

专用电话系统与公务电话系统共用一套设施，通过公务电话的程控电话交换机的调度电话模块来实现专用电话的所有功能，这样可以节省成本和设备投资。

2. 方案二（分散接入方案）：

在控制中心单独设立调度电话总机，利用传输接入系统将车站（车辆段）的调度电话分机接入到控制中心的调度电话总机。

车站（车辆段）设置车站电话集中机，用以实现车站（车辆段）的直通电话、站间行车电话、区间电话等功能。

3. 方案三（分设方案）：

调度电话在控制中心单独设立调度电话总机（或交换机），通过传输系统将车站（车辆段）的调度电话分机接入控制中心。

利用公务通信的车站交换机或远端用户模块来实现车站（车辆段、停车场）的直通电话、站间行车电话、区间电话等功能。

4. 方案四（合设方案）：

专用电话系统与公务电话系统完全分离，但专用通信系统整合为一体，即调度电话与站间、站内、轨旁电话均由同一通信设备实现，使结构更紧凑，便于使用和维护。

此方案可以显著减少车控室值班员面前的电话分机数量，将行车调度、环控调度、维修调度电话分机集成到值班员操作台上。

合设方案还具备统一的监测手段和监控设备，便于系统的维护和管理。

每种方案都有其优势和适用场景，选择哪种方案取决于具体的运营需求、成本预算和未来发展计划。通过合理选择和配置，可以确保专用电话系统高效、可靠地服务于城市轨道交通的运营管理。

三、学习无线集群调度通信系统

（一）无线集群调度通信系统概述

1. 无线集群通信系统的工作方式

集群通信系统是一种高效的无线通信方式，广泛应用于团体通信和管理。以下是三种主要的集群通信方式：

（1）信息集群：

也称为消息集群，这种方式在通话期间为通话组的用户提供一条专用无线信道。从用户开始按键讲话时，信道就被占用，直到通话结束后的一定时间内才被释放。这种方式确保了通话的连续性，但可能导致信道利用率不高。

（2）传输集群：

又称发射集群，适用于单工或半双工通信模式。

当用户 A 按下讲话键开始讲话，占用一个空闲信道。讲话结束后，松开讲话键，系统会发送一个"传输完毕"的信令到基地台控制器，指示信道可以被其他用户使用。

传输集群方式不会在通话暂停时占用信道，从而提高了信道的利用率。

（3）准传输集群：

又称准发射集群，是为了解决传输集群可能存在的问题而设计的改进方式。

准传输集群结合了信息集群和传输集群的优点，缩短了信道的保留时间。

用户在每次发话完毕后，松开讲话键，信道会保留 0.5~1 秒，这个短暂的保留期既避免了消息中断，又提高了信道的使用效率。

这三种集群通信方式各有优势，可以根据不同的通信需求和场景选择最合适的模式，以实现高效、可靠的无线通信。

2. 集群通信系统技术

（1）多址技术

集群通信系统是一种高效的无线通信解决方案，它由基地台和移动台两大部分构成。每个移动台由单独的用户使用，提供单路通信服务，而基地台则具备多路通信能力，能够同时服务多个用户。这种设计使得集群通信成为一种结合了单路和多路通信特点的特殊通信方式。

为了实现多用户的高效通信，集群系统采用了多种多路复用技术，也就是多址方式，主要包括：

频分多址（FDMA）：将可用的频带划分为多个频道，每个用户或通话信道分配一个特定的频率。

时分多址（TDMA）：将时间划分为多个时隙，每个用户在不同的时隙内占用信道。

码分多址（CDMA）：使用独特的编码序列为每个用户分配信号，即使多个用户在同一时间使用相同频率，也能区分出各自的信号。

空分多址（SDMA）：通过空间分隔，即不同地理位置的用户使用不同的空间信道。

混合多址：结合以上两种或以上的多址技术，以提高系统的容量和灵活性。

随机多址：用户随机地选择信道进行通信，适用于某些特定的通信环境。

在传输模拟信号时，主要使用 FDMA 和 CDMA 两种多址方式。而在传输数字信号时，可以使用 FDMA、TDMA 和 CDMA 这三种方式，以适应不同的通信需求和提高系统的效率。

集群通信系统的这种灵活性和高效性使其在公共安全、交通管理、企业通信等领域得到了广泛应用。

（2）信道控制技术

信道控制技术是移动通信系统的核心之一，旨在优化信道资源的利用，尤其是在大区制移动通信系统中。为了实现高效的信息传输，系统采用了多信道共用技术，允许同一时间内多个无线信道被不同移动终端共享，极大地提高了信道的总体使用效率。

在多信道共用模式下，信道资源并未被固定分配给特定的用户或设备。相反，这些信道在实际通信需求出现时，动态地被分配给那些正在发起或接收数据传输的终端。这一动态分配机制使任何信道能够在任何时刻为有需要的用户提供服务，从而在提高整体信道利用效率的同时，增强了系统的灵活性和响应速度。通过这种方式，即使在信道数量有限的情况下，也能支持大量的用户同时进行通信，显著提升了大区制移动通信系统的性能和用户体验。

信道分配模式主要包括以下几种：

固定信道指配模式：在这种模式下，信道是预先分配给特定用户或基站的，适合通信需求稳定的环境。

动态信道指配模式：这种模式下，信道分配是完全根据当前的通信需求动态进行的，适用于用户分布和通信需求变化较大的环境。

混合信道指配模式：结合了固定和动态信道指配的特点，部分信道固定分配，而另一部分信道则根据需求动态分配，旨在平衡系统的稳定性和灵活性。

通过这些信道分配模式，移动通信系统能够适应不同的通信场景和用户需求，实现信道资源的最优配置和高效利用。

（3）信令技术

信令在移动通信系统中扮演着至关重要的角色，它们连接着移动台与交换系统之间以及交换系统间的交互，包括但不限于地址信息、管理信息（涵盖通话建立、信道分配、信息保持、拆线流程以及计费管理）和其他相关通信信息。信令确保了通信流程的有序进行、各系统之间的协调工作，并提供了必要的安全保障。

集群通信是一种独特的系统设计，其核心特征在于多个用户共享相对较少的无线信道资源。这种共享机制不仅提高了信道的利用率，而且通过专门的信号和指令（即信令）的使用，增强了系统的管理能力与安全性。集群通信中的信令，通常指的是除了语音信号之外，用于控制通信系统正常运作的非语音信号与指令系统，这些信息对于维持通信的有序性和稳定性至关重要。

根据功能的不同，集群通信系统中的信令可以大致分为三类：控制信令、选呼信令及拨号信令。每一类信令都服务于不同的系统操作需求，例如控制信令主要负责系统管理和控制过程；选呼信令则用于单个用户或一组用户的选择性通信；拨号信令则是用户发起或响应呼叫时使用的信令。

按照信令的形式来区分，集群通信系统的信令可以划分为模拟信令和数字信令两大类别。模拟信令基于传统电信号进行传递，而数字信令则依赖于现代的数字通信技术，通过编码方式传输信息，具有更高的传输效率与可靠性。

此外，信令的传输方式也是分类的一个重要维度，集群通信系统中常见的信令传输方式包括共路信令和随路信令。共路信令将多个信令通道集中在一个信令链路上，便于集中处理和管理；而随路信令则是在通信通道上直接携带信令信息，减少了额外的信令通道开销，但对通信通道的稳定性要求较高。

（二）无线集群调度通信系统在城市轨道交通中的应用

1. 城轨无线集群调度通信系统的组成

城市轨道交通通信系统由多个子系统组成，每个子系统都有其特定的职责和功能，以下是各个子系统的功能概述：

（1）行车调度通信子系统

该子系统负责建立正线行车调度员与机车驾驶员之间的通信联系。

主要用于传送行车指挥的话音和数据指挥命令。

采用选号呼叫方式，行车调度员可以通过行车调度台实现对机车驾驶员的一对一个别选呼。

同时，该子系统还支持发送数据指令和接收列车上传的信息。

（2）站务通信子系统

负责车站车控室内勤人员与车站外勤人员以及本站控制内列车驾驶员之间的通话。

通话由调度派接，通常在本站内采用组呼方式进行。

（3）车辆段调度通信子系统

类似于行车调度通信子系统，但专注于段、厂内的行车调度员与机车驾驶员之间的通信。

同样用于传送行车指挥话音和数据指挥命令。

（4）公安调度通信子系统和防灾调度通信子系统

这两个子系统提供公安、防灾调度员、沿线指挥人员和抢险救灾人员之间的调度通信。

通信采用组呼方式，以确保信息快速、准确地传达给相关人员。

这些通信子系统共同构成了城市轨道交通的神经网络，确保了运营的高效、安全和有序。通过这些系统，可以实现快速响应、有效指挥和及时通信，对于保障列车运行安全和提高运营效率至关重要。

2. 城轨无线集群调度通信系统的功能

（1）通话功能

①无线用户可与有线用户进行通话，通过移动台呼叫调度台实现。

②有线用户可与无线用户选址通话，包括个人直呼和组呼，通过调度台呼叫移动台实现。

③无线用户之间进行通话（个人选呼和组呼），移动台通过拨打移动台号码进行选呼，还可进行同组移动台之间的组呼。

④呼叫类型有单呼、组呼、全呼、电话呼叫（有线、无线互联呼叫）等。

（2）系统入网功能

①自动重发：按下开关时，自动重发电话号码，直到接通为止。

②忙时排队自动回叫：当所有话务信道都在使用时，请求入网的用户进入排队等候。当信道空闲时，中央控制器自动依照先来先服务原则为用户分配信道，让其通话。

③紧急呼叫：遇到紧急情况，用户按紧急呼叫键，系统保证开放一条信道用于紧急呼叫。

④限时通话：系统可设置用户通话时间，当到达通话设定时间后，系统将释放占用信道。

⑤私密通话：移动用户之间通过拨打对方身份号即 ID 进行通话。

第二节　城市轨道交通通信新技术

一、城市轨道交通通信传输网络主流技术

（一）OTN 技术

光传送网（OTN）技术以其高速度、全透明传输、无阻塞交换以及高带宽利用率等特点而著称。这项技术最初是为了满足专业网络的需求而设计的，它提供了丰富多样的业务接口卡，具备出色的业务接入能力和强大的网络管理功能。OTN 特有的帧结构和传输方式使其非常适合应用于独立的专用网络环境中。

然而，OTN 技术也存在一些局限性，比如其技术标准的独特性和供应商的单一性，这可能会限制网络设备的选择范围。此外，目前市面上的 OTN 设备主要依赖进口，这也可能带来一定的成本和技术支持方面的挑战。尽管如此，OTN 仍然是许多需要高性能、高可靠性网络传输解决方案的专业网络的理想选择。

（二）MSTP 技术

1. Ethernet over SDH

Ethernet over SDH，即以太网承载在 SDH 之上，是一种先进的技术，它使得以太网数据能够在 SDH 网络的物理传输层上传输。这项技术实现了以太网业务的透明传输，即在不改变原始以太网数据包格式的情况下直接在 SDH 网络上进行传输，这确保了数

据流的完整性和一致性。

Ethernet over SDH 的优势之一在于其二层交换功能的集成，允许在网络的二层进行数据包处理。这意味着在传输数据时，Ethernet over SDH 能够提供端到端的业务管理功能，从而为用户提供更灵活、高效的数据传输服务。同时，通过利用 SDH 网络的完善保护机制，如自愈环技术，Ethernet over SDH 能够显著提升数据传输的可靠性和服务质量，有效防止由于链路故障导致的服务中断，保障关键业务的连续运行。

另外，Ethernet over SDH 的另一大特色在于其对带宽共享的支持。通过以太网环网的架构，各个节点能够通过各自的以太网接口板卡，利用 SDH 通道共同构建一个环形网络。这种方式不仅极大地提升了网络的灵活性，使网络能够根据实际流量动态调整带宽分配，还增强了网络的冗余性和容错能力。当某一部分网络出现故障时，数据流量能够迅速转向其他可用路径，保证了业务的持续稳定运行。

综上所述，Ethernet over SDH 技术结合了以太网的灵活性与 SDH 的高可靠性和服务质量保证，为网络运营商和企业提供了一种既经济又高效的网络解决方案。

2. MSTP 内嵌 RPR

MSTP（多业务传送平台）内嵌 RPR 技术是一个结合了 SDH 的可靠性和 RPR 的高效性的先进传输方案。在这类架构中，以太网业务首先在 RPR 的 MAC（介质访问控制）层进行适配和处理，随后被映射至 SDH 的 VC（虚容器）通道，以此进行传输。

RPR 作为一种专为高效传输分组数据设计的二层技术，通过构建两个反向环结构来传输数据及控制信息，其中一环为主环，另一环作为备份环。这种独特的双环配置确保了在节点发生故障时，网络能够迅速恢复，从而维持了高质量的服务水平。

在传统的 Ethernet over SDH 模式下，以太网业务仅能在 SDH 层面采用复用段保护，这意味着故障发生时的切换时间通常不超过 50 毫秒。然而，在遇到节点完全失效的情况时，由于 SDH 物理层无法为共线以太网业务提供环网级别的保护，此时依赖生成树协议提供链路层保护倒换，倒换时间可能延长至 50 秒。

然而，采用 MSTP 内嵌 RPR 技术则能够充分发挥 SDH 层面上的保护机制，并直接在链路层通过 RPR 协议实现保护倒换，即使在节点失效的情况下，倒换时间也能够控制在 50 毫秒以内。这种提升极大地增强了网络的可靠性，并且 RPR 还具备出色的质量保证功能，能够有效地支持突发性 IP 业务，进一步优化了整体网络性能和用户体验。

不过，值得注意的是，目前 MSTP 内嵌 RPR 方案的最大带宽限制为单环 2.5 Gbit/s，这可能不足以应对未来更高的带宽需求。因此，随着带宽需求的不断增长，MSTP 内嵌 RPR 技术需要进一步发展以适应更高容量的应用场景。

（三）IP 技术

IP 技术，作为一种基于互联网协议的包交换技术，因其广泛的应用范围和简单易行的实现机制，备受推崇。在纯 IP 体制的网络结构中，我们主要依赖路由器、以太网交换机以及光纤等设备来构建网络架构。IP 技术的核心竞争力体现在其高效的包转发技术与灵活的统计复用技术上，使得它在数据业务的传输领域表现出色。

然而，任何技术都有其局限性。纯 IP 体制在业务接入方面展现出一定的局限性，主要表现在其接入能力的单一性，即只能提供基于 IP 协议的业务接入，对于传统的

TDM（时分多路复用）业务的接入并不直接兼容，这在一定程度上限制了其应用范围。此外，从端到端业务的配置、电信级的保护机制、多业务的承载能力、OAM 功能，乃至整个网络的管理等方面，纯 IP 技术都可能存在一定的不足。这些限制因素意味着，在需要高度可靠性和多样化的业务承载场景下，仅仅依靠纯 IP 网络可能不能满足所有需求，往往需要通过引入其他技术或者进行相应的增强措施来克服这些短板，以实现更加全面和高效的服务。

（四）MSTP + IP 技术

一些城市在建设轨道交通通信传输系统时，采取了利用 MSTP 与 IP 设备协同构建综合传输平台的策略。此方案在各站点设置了 MSTP 设备与 IP 设备（常见为以太网交换机），分别构筑了 MSTP 双纤自愈环与 IP 以太环网。MSTP 网络主要负责语音与低速数据业务的传输，而 IP 网络则专精于宽带以太网数据业务的承载。

结合 MSTP 与 IP 的优势，这一方案实现了对 TDM 及以太网等多样化业务传输的需求支持。然而，这一集成方式也带来了相应的复杂性，由于需要同时运行 MSTP 与 IP 两种不同类型的设备，导致了整个网络结构的复杂化。同时，为了管理这两个独立的系统，必须设定两套单独的网管系统，这不仅增加了初始的建设和投资成本，而且在后续的运营管理和维护工作上也加大了负担。因此，在实施这样的网络方案时，需要充分权衡其带来的好处与实际操作中的复杂性和成本。

二、通信传输网络发展趋势及新技术

（一）通信传输网络发展趋势

城市轨道交通通信传输网络正在经历一场从传统 TDM 业务向现代宽带以太网数据业务的转型，特别是在高清视频业务的广泛应用下，带宽需求显著增长，促使业务宽带化和 IP 化成为发展主旋律。然而，当前的城市轨道交通专用调度电话系统和专用无线系统依然以 E1 传输方式为主导，TDM 业务与 IP 业务短期内仍并存。面对这样的局面，如何在确保 TDM 业务传输质量的同时，实现数据业务的高效、可靠和安全传输，成为通信传输网络面临的首要挑战。

我国城市轨道交通广泛采用的是 MSTP 技术，尤其内嵌 RPR 技术的 MSTP。这种网络架构基于电路交换模式，通过固定资源分配机制和单板级 IP 化功能，专注于保障 TDM 业务的稳定传输，并同时支持以太网数据业务。MSTP 技术以刚性管道承载分组业务，虽然保证了一定的稳定性，但在效率和灵活性方面相对有限，且设备大多仅支持以太网二层交换。

鉴于 TDM 业务需求逐渐减弱与 IP 业务需求持续上升的趋势，城市轨道交通通信传输网络亟须从以 TDM 电路交换为中心的架构向以 IP 分组交换为核心的新型架构转型。针对这一变革，面向 IP 化的分组传送技术 PTN 和结合 TDM 与分组技术的软硬管道综合解决方案等新兴技术应运而生。这些新技术提供了更高的网络效率、更强的灵活性以及更佳的扩展性，完美契合了未来城市轨道交通通信传输网络对于大带宽及服务质量的要求。

（二）PTN 技术

PTN 作为新一代的多业务统一传送技术，基于分组交换原理，提供了面向连接的服务。它不仅能够有效承载电信级的以太网业务，也能够支持传统的 TDM 业务。PTN 技术的核心优势在于：

①它以分组交换为核心，支持多种业务类型的传输。

②结合了数据通信网络的灵活性和统计复用的特点。

③保留了传统光传输网络的面向连接、快速保护以及强大的操作、管理和维护能力。

PTN 技术作为一种专门为分组业务设计的高效传输方案，提供了卓越的电信级服务质量，相比于 MSTP 技术，它以分组作为传输单位，主要服务于以太网业务，并且还能够兼容 TDM 等业务，展现出独特的优势。相较纯 IP 技术而言，PTN 在环网保护、网络构建灵活性以及操作维护管理方面表现得更为优异，因此在运营商网络中得到了广泛的采用，有效提升了数据业务的承载效率。

尽管如此，PTN 技术在承载 TDM 业务时，必须通过电路仿真来进行处理，这种方式可能会引入额外的时延和抖动问题，从而对业务质量产生不利影响。在面对城市轨道交通通信传输网络中 TDM 和 IP 业务共存的复杂场景时，PTN 技术尽管在数据业务的传输上表现出了明显的优越性，但在 TDM 业务的高质量传输方面，仍有待进一步优化与提升。随着技术的不断进步和优化，PTN 技术有望在 TDM 业务承载能力上取得突破，更加完美地满足城市轨道交通通信传输网络对于不同业务类型多样化的传输需求。

（三）软硬管道综合解决技术

增强型 MSTP 技术是一种融合了 SDH、分组交换及波分光层传输的多功能综合传送平台，它从传统的 MSTP 系统演变而来，既继承了对 SDH、以太网、ATM 和 RPR 等业务的良好支持，又融合了 MPLSTP 和光纤波长复用技术的核心分组技术。此技术旨在提供一个统一的平台，通过多业务汇聚的方式高效地传输不同类型的业务，具备强大的业务适配能力，适用于多种技术和业务类型融合的场景。

增强型 MSTP 的一个显著特点在于它兼顾了 TDM 和分组技术的优势。它利用传统的 MSTP 技术接入 TDM 业务，同时采用 MPLSTP 技术承载分组业务，确保 TDM 业务的高质量传输，同时高效地承载大量数据业务。MPLSTP 技术在 MPLS 基础上增强了传送网络的性能，使以太网业务能够在保持 SDH 级别检测精度和倒换速度的前提下实现快速切换，倒换时间不超过 50 毫秒。

该技术通过软硬管道的结合实现多业务独立承载，硬管道用于 TDM 业务，软管道用于分组业务。这一设计允许灵活配置管道以实现统一的物理隔离，确保业务的安全传输。增强型 MSTP 不仅保留了原有的 MSTP 优点，还增添了强大的分组处理功能，能根据业务量变化动态调整带宽，实现带宽的"削峰填谷"复用，提高带宽利用率。同时，QoS 机制保证分组业务在共享带宽环境下仍能维持高质量的传输，提供稳定的服务体验。

三、城市轨道交通车地通信综合承载系统

（一）城市轨道交通车地通信概述

城市轨道交通车地通信系统作为确保列车安全高效运营的基石，承担着列车运行信息的传递重任，包括列车控制信息和列车与交通控制中心间的信息交互，为列车操作人员提供实时的列车运行状态信息。该系统的基本功能包括 CBTC、列车运行状态监控系统（TOSM）、车辆视频监控系统以及 PIS，这些都是实现列车通信不可或缺的要素。

当前，城市轨道交通车地通信系统普遍依赖 WLAN 来构建稳定的通信链路。WLAN 凭借其高数据传输速率、安全性以及优良的数据质量，在数据通信领域得到了广泛应用。然而，WLAN 的开放特性，加上现代社会中 WLAN 设备与用户的广泛普及，可能会导致非业务相关的 WLAN 信号干扰车地通信系统，从而降低数据传输的效率与稳定性，影响系统的正常运行。为了克服这些问题，需要采取一系列策略和技术措施，如优化信道分配、加强信号干扰识别与隔离、实施更高的数据加密标准等，以确保车地通信系统的稳定可靠，满足现代城市轨道交通的高要求。

（二）TDLTE 技术

TDLTE 技术作为中国自主研发的先进通信技术，融合了多项创新技术，如 OFDMA、自适应调制与解调、MIMO、波束赋形、分布式发射与分级式接收技术、HARQ 以及发射功率自动控制技术，旨在应对无线覆盖、终端数量、传输时延、上行速率和安全性等方面的挑战。通过集成这些技术，TDLTE 能够高效满足不同场景下的通信需求，成为构建智能无线网络的理想选择。

在中国的应用场景中，TDLTE 技术在城市轨道交通通信工程中展现出了强大的实用性与可行性。以昆明轨道交通 4 号线为例，面对列车运行过程中数据高速移动的复杂环境，该线路采用 TDLTE 技术构建了一套专为城市轨道交通设计的城市轨道交通车地综合通信系统（LTE - M）。这一系统不仅显著提升了通信的时效性和效率，还大幅增强了轨道交通运营的安全性和可靠性，展示了 TDLTE 技术在实际应用中的卓越性能。

（三）LTE - M 系统

1. 系统结构设计

LTE - M 系统是城市轨道交通车地通信的关键支撑体系，其功能强大且结构严谨，主要由四个核心组件组成。LTE - M 控制中心系统是这个体系的大脑，它整合了线路数据处理的核心网络与网络管理系统，负责与各车站数据传输网络的连接，确保通信指令的精确传递和通信功能的无缝执行。设备集中站系统则配备有 BBU 及相应的 RRU，这样的配置扩大了信号覆盖范围，并提升了信号发射的效能，从而保证了通信质量。

轨道旁通信系统，顾名思义，主要分布在轨道两侧，包括 RRU、全向天线和定向天线，特别设置在隧道、高架线路以及车辆段等关键地段，确保了这些区域内的稳定通信。

车辆 LTE - M 通信系统安装于现代轨道列车的头部和尾部，这些区域配置有列车

运行控制系统的无线终端设备。通过与轨道旁系统中的天线及漏缆相连，车辆上的无线终端实现了与外部网络的有效接入，为列车乘客及工作人员提供了稳定可靠的无线通信服务。

2. 专用频段选择

城市轨道交通车地通信系统为了确保高效、稳定的信息传输，必须具备特定的通信数据业务频段。当前，GSMR 铁路采用的 900 MHz 频段虽然应用广泛，但并未完全满足 TDLTE 宽带数据移动业务的需求。鉴于此，针对城市轨道交通车地综合通信系统的构建，专用频段的需求被提出以满足系统性能要求。

在经过相关管理部门的严格审批后，已为 LTE－M 系统分配了包括固定移动用户频段、行业专网频段和 LTE－M 专用频段在内的三个主要频段。具体而言，固定移动用户频段涵盖了 1447～1467 MHz，行业专网频段覆盖了 1785～1805 MHz，而 LTE－M 专用频段的频率范围为 850～5920 MHz。前两个频段已在轨道交通车地通信系统中得到了实际的应用。然而，850～5920 MHz 这一频段，尽管理论上具有潜力，但在实际传输过程中的硬件损耗问题较为显著，因此其应用相对有限，还需进一步的技术研究和优化，以期在未来能更广泛地应用于实际场景中。

3. 抗干扰能力设计

在城市轨道交通车地通信综合承载系统中，提升信号数据传输质量与效率的关键在于对抗外部干扰。为此，设计 LTE－M 系统时需着重考虑抗干扰能力的增强。一种有效策略是采用漏缆全覆盖技术，该技术通过直接连接轨道旁系统与车辆无线网络终端，大幅度提升了车辆基站系统中无线网络终端的连接效率，并且通过提高漏缆覆盖率，有效减少了电磁场对网络的干扰，同时也创建出电磁场的盲区，进一步保证通信稳定性。

在具体设计层面，采用双漏缆布置，将漏缆与车载天线间的距离设定在 1.7 至 1.8 米，这一设置旨在有效增强通信系统的抗干扰性。同时，将列车基站系统中的网络天线置于车辆底部，利用车辆自身构建的网络覆盖系统，有效地阻挡外界电磁波的干扰，从而在一定程度上提升了 LTE－M 系统的抗干扰性能。

借助上述设计措施，城市轨道交通车地综合通信系统即使在环境复杂多变的情况下，也能维持高效的通信能力，保障列车运行的安全与流畅，充分展现系统在抗干扰方面的优势。

四、基于 5G 的城市轨道交通车地无线通信系统

（一）5G 通信技术在车地无线通信系统中的应用研究

5G 技术以其卓越的高可靠性和低延迟特性，为城市轨道交通车地无线通信系统提供了一种创新解决方案。应用 5G 技术有望显著改善当前系统中常见的干扰、延迟增加和频繁故障等问题。

5G 网络预计处理的数据流量是 4G 网络的 1000 倍，这一显著提升依赖于多项关键技术的支持：

新型网络架构方面，引入了网络功能虚拟化（NFV）和软件定义网络（SDN）的

概念，这使得5G网络的结构更为扁平化。这种革新不仅降低了建设及运营成本，提高了网络运行效率和响应速度，而且还构建了一个经济高效、反应迅速、延迟极低的核心骨干网，满足了当前及未来高速数据传输的需求。

在MIMO大规模天线技术领域，5G相较于4G有了显著进步。从支持最多8个端口天线发展到具备三维空间的大规模天线阵列，高阶MIMO技术的应用实现了频谱资源的高效利用。与4G相比，这一升级使得频谱利用率提升逾十倍，显著增强了网络容量和数据传输速率，为用户提供更为优质、稳定的通信体验。

移动边缘运算（MEC）：作为5G网络的核心技术之一，MEC将网络应用业务下沉到无线接入侧，极大地减少了用户的感知延迟，使其缩短至毫秒级。这种快速响应能力是5G网络"快"特性的直接体现。

通过这些技术的融合，5G在城市轨道交通车地无线通信系统中的应用不仅提升了通信的稳定性和可靠性，还大幅增强了数据传输的效率和速度，为城市轨道交通提供了更加高效和安全的通信保障。

表5-1为5G、4G、WLAN技术关键指标的对比。

表5-1　5G与4G、WLAN技术关键指标的对比

关键指标	5G	4G	WLAN（IEEE802.11b）
工作频段/GHz	3.0及以上	1.8~2.6	2.4
信道带宽/MHz	100以上	40以上	22
理论速率/（bit/s）	1G以上	最高为100M	11M
理论速率/（bit/s）	64 SISO	8 SISO	1 SISO

注：SISO为单进单出。

1. LTEA技术构建车地无线通信系统核心网络

5G通信技术在城市轨道交通车地无线通信系统中的应用，提供了一种高效、可靠的解决方案。其中，LTEA技术作为4G LTE的演进版本，以其较低的初期投入和高融合性，成为构建车地无线核心网的理想选择。

通过引入NFV和SDN，核心网络设备的构成发生了变革。传统的AC被通用硬件设备所取代，这些设备构建的基础设施平台不仅降低了成本，还提高了资源配置的效率。通用硬件设备可以灵活部署在网络的任何位置，实现资源的按需分配和动态扩展，从而优化网络的整体效率。

利用LTEA技术构建的车地无线系统，其接入速率可达到1Gbit/s，这远远超过了传统WLAN技术11Mbit/s的接入速率。同时，系统的延时被控制在1ms以内，几乎可以忽略不计，为用户带来近乎无延迟的通信体验。

这种基于LTEA技术的高速度和低延时的车地无线通信系统，不仅提升了轨道交通的运行效率和安全性，也为乘客提供了更加流畅和稳定的通信服务，是未来城市轨道交通通信系统发展的一个关键方向。

2. MIMO增强技术实现接入层的大规模高密度的无线网络覆盖

MIMO技术通过增加天线数量，有效提升了频谱效率与数据传输速率，而Massive

MIMO 作为 MIMO 技术的进一步发展，借助大规模无线天线阵列的实施，能大幅度提高频谱效率与系统容量，理论上可达 10 倍的提升。

在城市轨道交通的车地无线系统中，基于 WLAN 的方案一般通过 AP、小型天线与车载 AP 等设施，确保车地间的信息传递与覆盖。然而，鉴于高速移动性的特性，WLAN 系统可能遭遇 AP 链接断开与系统信息重传的现象，极端情况下甚至可能导致通信中断，从而引发一系列问题。

为应对这一挑战，考虑将基于 5G 技术的车地无线系统设计为"小基站 + 大规模"天线模式。在车站层面采用此技术，旨在规避 AP 切换及通信中断的难题。通过在车站内部署大量天线（数百至上千），不仅显著提高了频谱效率，而且实现了车站的全面覆盖，同时有效减少了干扰。这样的系统设计，为城市轨道交通提供了更为稳定与高效的通信解决方案，极大地改善了车站接入层的通信体验。

3. MEC 技术的业务接入与存储下沉到车站层面

MEC 是将云计算能力及 IT 服务带入移动网络边缘的创新技术，其核心在于将网络业务向用户接入侧"下沉"，通过减少数据传输距离来降低时延，减少网络拥塞，以此支持更多高要求业务的运行。

在城市轨道交通的乘客信息系统车地无线系统中，CCTV 图像无法实时上传至控制中心调度员的问题，主要是由 WLAN 系统的数据传输速度不足、视频图像上传过程中易产生重传和丢包以及控制中心服务器处理能力有限导致的。为解决这些问题，应采取一系列策略：

第一，优化接入层效率。通过在车站部署 Massive MIMO 天线技术，实现成百上千天线的密集部署，显著提升接入效率。这种部署方式不仅能够增强信号覆盖，还能有效提高数据传输速度。

第二，构建边缘计算架构。在每个车站部署边缘计算服务器，将视频传输和存储任务从中心服务器下沉至边缘，以此解决通信中断问题，并优化整体网络性能。

第三，实现业务下沉与优化。在车站接入层设置移动边缘计算服务器，不仅支持车载 CCTV 图像的高效传输和存储，还能为车站提供更多业务应用的支持，如环境控制、门禁系统、自动化监控等，同时为车站运维提供便捷工具，如专用移动运维终端，实现快速故障诊断和处理，推动城市轨道交通运维智能化进程。

通过部署 Massive MIMO 天线技术和边缘计算架构，结合业务优化和运维现代化手段，不仅能有效解决当前 CCTV 实时上传问题，还能为车站带来更多智能服务，实现城市轨道交通的高效、智能运维。

（二）频段选择

为了促进这一进程，中国工信部无线电管理局已经成立了专门的工作组，旨在推动城市轨道交通领域专用频点的申请工作，这不仅有助于满足当前的通信需求，也为未来在全国范围内的大规模推广使用打下基础。

目前，可供选择的低频段主要有四个，分别是 1427 ~ 1525 MHz、3300 ~ 3400 MHz、

4400～4500 MHz 和 4800～4990 MHz。考虑到 1427～1525 MHz 频段已经被广泛使用，如果选择此频段，将面临大量的频率协调工作。因此，建议优先考虑使用 3300～3400 MHz、4400～4500 MHz 和 4800～4990 MHz 这三个频段。这些频段能够为 5G 车地无线通信系统在地铁等城市轨道交通环境中提供高速数据传输能力，同时满足高可靠性和低时延的通信需求，是构建未来城市轨道交通车地无线通信系统的理想选择。

第三节　城市轨道交通信号新技术

一、FAO 技术

（一）日常运营场景描述

城市轨道交通列车全自动驾驶系统标志着轨道交通领域的一次技术革新，它集成了多项先进的自动化技术，旨在提升列车运营的整体效能。此系统的优势显而易见，它不仅提高了列车的运行性能和安全可靠度，而且能够有效地提升运输能力并降低运营成本。

在列车正式投入使用之前，需经过一系列精细的自动化流程来保障其安全性和稳定性。这一过程始于列车从休眠状态的自动唤醒，接着是全面的自检工作，确保所有系统均处于最佳状态。随后，列车会根据预设程序自动启动，完成转换轨操作并进入正线，升级至更为先进的 CBTC。在此之后，列车将严格遵循预定的时刻表，进行载客运营。

在整个运营过程中，全自动驾驶列车展现了其高度的执行能力，它能自主完成包括站间行驶、到站精确停车、自动开关车门、自动发车离站以及自动进行折返等任务。这样不仅提升了运营效率，还极大地增强了乘客体验，确保了运营过程的顺畅与安全。

当运营结束时，列车会自动返回车库，并精确停靠在指定位置。在此期间，列车将上传当天的运行数据，为后续的维护和优化提供重要依据。最后，列车进入断电休眠状态，准备迎接下一个运营周期。这一连贯的自动化操作，不仅体现了现代科技对轨道交通领域的深度影响，也充分展示了全自动驾驶系统在提高运营效率、保障安全与可靠性方面的卓越表现。

（二）自动化级别

FAO（全自动无人驾驶系统）是城市轨道交通技术发展的重要趋势，它分为两种模式：DTO（有人值守的自动驾驶）和 UTO（完全无人的自动驾驶）。

DTO 模式下，列车在正常情况下由系统自动控制运行，但车上会有工作人员值守，以便在出现异常情况时能够及时介入并进行人工干预。这种模式在保障列车运行的自动化和效率的同时，也保留了人工干预的可能性，以应对突发情况。

而 UTO 模式则是真正意义上的完全无人自动驾驶模式，不仅在正常情况下由系统控制列车自动运行，而且在大多数异常情况下，也能够通过信号系统、车辆系统和综合监控系统等多系统的联动控制，实现信息的综合处理和快速响应。这种模式极大地提高了列车运行的安全性和效率，代表了城市轨道交通自动驾驶技术的最高水平。

总的来说，无论是DTO还是UTO，全自动驾驶系统都为城市轨道交通带来了更高的运行效率和更好的安全保障，是未来轨道交通发展的必然趋势。

（三）关键技术点及应用

1. 联动功能

行车综合自动化系统（TIAS）高度集成ATS系统、变电所综合自动化系统、环境与设备监控系统、广播系统、闭路电视系统、乘客信息系统、互联门禁系统、时钟系统、站台门系统等，实现整个地铁运营系统的综合信息显示、集中控制、程序联动。

2. 自动化功能

在全自动驾驶的CBTC中，为了支持自动化功能，在系统架构上进行了必要的扩展和增强。与传统的CBTC系统相比，全自动驾驶CBTC系统在车载和地面设备上都进行了相应的增加和优化。

车载方面，主要增加了唤醒休眠模块，这个模块负责列车的自动唤醒和休眠功能，确保列车在非运营时段能够自动进入休眠状态，而在需要运营时能够及时被唤醒。

地面方面，主要增加了智能化车辆段的ATP/ATO设备。这些设备支持以下新增功能：

正线运行：包括站台自动对位调整、全自动发车、远程自动清客、无人自动折返以及工作者防护等，这些功能提高了列车运行的自动化水平和安全性。

车辆段自动化：实现自动唤醒与休眠、自动出入车辆段、自动调车、自动洗车、自动库门防护以及有人区与无人区隔离等，这些功能使得车辆段的运营更加高效和自动化。

通过这些新增的设备和功能，全自动驾驶CBTC系统能够提供更加安全、可靠、高效的列车运行和车辆段管理，为城市轨道交通的自动化和智能化发展提供了强有力的支持。

3. 实现全系统硬件冗余

全自动驾驶车载系统和地面系统均按冗余方式配置。车载系统包括列车数据管理系统TDMS、速度传感器、天线等。地面系统包括轨旁ATP、轨旁联锁、轨旁ATS、继电器（用于道岔驱动）采集、计轴接口、洗车机、车库门等。

4. 系统软件升级并提高运行的稳定性

全自动驾驶CBTC系统相较于传统CBTC系统，主要区别在于其对功能性需求的增加。为了满足这些需求，信号系统必须与众多外部系统进行接口整合，实现集中监视和综合联动。这种整合不仅提高了系统的自动化水平，也增加了系统的复杂性。

为了应对这种复杂性，控制系统需要从软件架构层面进行重新设计。通常采用的方法是逐步升级既有系统软件，利用模块化和层次化的软件设计，使得系统能够方便地进行升级和外部扩展。模块化设计允许各个功能模块独立开发和测试，而层次化设计则确保了系统的整体性和一致性。

最终的软件系统需要能够保障整个系统运行的稳定性。这不仅涉及软件本身的质量，还包括与硬件的兼容性、系统的可维护性以及对外部环境变化的适应能力。通过精心设计的软件架构和持续的优化升级，全自动驾驶 CBTC 系统能够实现高效、可靠的列车运行和车辆段管理，为城市轨道交通的自动化和智能化发展提供坚实的技术基础。

二、基于车车通信的新型 CBTC 系统

（一）基于车地通信与基于车车通信的 CBTC 系统差异分析

1. 基于车地通信的 CBTC 系统

全自动驾驶 CBTC 系统是一个复杂而精密的铁路信号控制系统，它由多个关键部分组成，包括中心的 ATS、区域控制器（ZC）、车载设备、联锁系统、室外转辙机、信号机以及信标等。

在中国，基于车地通信的 CBTC 系统主要划分为两大类：以联锁进路为核心和以移动授权为核心。

在以联锁进路为核心的 CBTC 系统中，工作流程如下：首先，ATS 会向联锁系统发送进路请求，联锁系统则根据此请求控制户外的道岔和信号机等设备，并将设备状态信息反馈给 ZC。同时，ATS 会将列车的实时运行信息传递给 ZC。ZC 则根据接收到的列车运行信息和联锁系统反馈的设备状态信息，计算出列车的移动授权，并将这一授权信息传输至车载设备，以此指导列车安全、高效地运行。

另一方面，在以移动授权为核心的 CBTC 系统中，工作流程有所不同：同样地，ATS 会先向 ZC 下发进路请求。接收到请求后，ZC 不仅需要将该请求信息发送给联锁系统以获取道岔和信号机等关键设备的当前状态，还会收集其管理区域内所有车辆的实时位置信息。在此基础上，ZC 综合考虑列车位置和设备状态，计算出移动授权，并直接向车载设备发布。这一系统设计旨在实现更为动态灵活的列车控制策略，提升整个系统的响应速度和运营效率。

两者的区别主要体现在授权生成机制上，前者侧重于联锁进路的控制，后者更聚焦于基于列车实际位置的动态授权分配，两者各具特色，共同推动了中国城市轨道交通的智能化发展。

这两种 CBTC 系统虽然在工作流程上有所区别，但它们的共同目标是确保列车运行的安全性和效率。通过精确控制列车的运行，CBTC 系统能够实现列车的自动启动、自动停车、自动调整运行间隔等，从而提高运营效率，降低人为错误发生的可能性。

2. 基于车车通信的 CBTC 系统

在全自动驾驶 CBTC 系统中，传统的 ZC 和联锁设备被取消，取而代之的是 OC（对象控制器），它负责控制所有的轨旁设备。这种设计简化了系统架构，提高了效率。

ATS 系统直接将运行信息下发到车载设备，而不是通过 ZC。车载设备与相邻列车

之间能够实现直接通信，交换各自的位置信息。通过这种方式，每列车都能够根据前车的位置信息，独立计算自己的移动授权距离，从而实现列车的自主控制。

当列车接近道岔区域时，它会向控制该道岔的 OC 发送控制请求，获取必要的控制权。这种以列车为中心的控制原则，使得列车能够直接对轨旁设备进行控制，提高了系统的灵活性和响应速度。

这种系统设计不仅减少了中间环节，降低了系统复杂度，而且提高了列车运行的自主性和智能化水平。通过车载设备与轨旁设备的直接通信和控制，全自动驾驶 CBTC 系统能够实现更加精确和高效的列车运行管理，为城市轨道交通的自动化和智能化发展提供了强有力的技术支持。

3. 移动授权和响应时间差异分析

从两种 CBTC 系统的架构中可以看出明显的区别：基于车地通信的 CBTC 系统依赖于车载 ATC 与轨旁 ATC 的周期性通信，并通过区域控制器来发放移动授权。这种系统架构在确保列车运行安全的同时，也对通信的实时性和可靠性提出了较高要求。

相比之下，基于车车通信的 CBTC 系统则采用了一种更为直接和高效的通信方式。在这种系统中，列车之间的通信不再依赖于轨旁设备，而是通过车与车之间的直接通信来实现。这种方式显著提高了通信的响应时间，减少了系统延迟。

这种以车车通信为核心的 CBTC 系统，通过减少对轨旁设备的依赖，优化了列车运行的控制逻辑，使得列车运行更加灵活、高效，为城市轨道交通的自动化和智能化发展提供了新的可能性。

（二）基于车车通信的 CBTC 系统关键技术

1. 管理方式

基于车车通信的 CBTC 系统架构，允许车载系统直接与 ATS 中心及 OC 进行交互，从而形成一个高度协同且信息丰富的运行环境。这种系统架构的核心通信内容主要包括列车自身的位置和状态信息共享、获取运行信息、获取其他列车的信息以及分享列车自身的维护信息。

列车从出入段线出发进入正线之前，首先与 ATS 中心进行通信，获取当日的详细运行计划，并在向控制中心登记自身信息的同时，接收全线其他列车的位置信息。随后，车载系统基于预设的线路地图，定期与前车进行通信，确保信息的及时更新和准确传输。若前车通信中断或消失，车载系统将主动向控制中心申请查询全线路的信息，并在确认前方线路安全无误后，继续行驶。当列车完成运营任务离开正线时，会向控制中心报告注销车辆信息。

列车与前车之间的通信过程涉及三种不同的管理模式：

——中心 ATS 指定的前车通信模式：在这一模式下，ATS 中心承担着全线信息的管理和协调角色，相当于将传统区域控制器的一部分功能上移至中心级。然而，这种模式下存在单点故障风险，一旦 ATS 中心出现问题，可能影响到全线运营的稳定性。

——ATS 仅提供位置信息，车载系统自主判断前车：这种方式赋予车载系统更强的决策能力，即使在 ATS 中心出现故障的情况下，列车仍能够通过自身识别前车，并与其进行通信。这种设计大大降低了对 ATS 控制中心的依赖，提高了系统整体的可靠性。

——车载系统全网通信模式：在此模式下，每个车载系统通过独立的安全网络与其他所有列车进行实时通信，共享所有列车的位置信息。这种方式直接且高效，但同时也对网络带宽提出了较高要求，潜在的风险是可能导致网络负载过大，引发网络风暴现象。

综上所述，基于车车通信的 CBTC 系统通过不同层次的信息交换和管理模式，构建了一个高度智能化、自主化和协同化的列车运行环境，有效提升了列车运营的安全性和效率。

这三种管理方式各有优势和劣势，需要根据实际运营需求和安全考虑来选择最合适的通信管理策略。

2. 道岔控制

道岔控制是保证铁路安全与运营的关键因素，尤其是在基于车车通信的 CBTC 系统中，通信模式对于系统效率和安全性有着重要影响。车车通信的定义通常分为广义与狭义两种。

广义车车通信允许列车之间直接进行信息交流与共享。在此模式下，ATS 负责向车载设备和 OC 发布进路指令，而车载设备通过相互间的信息交换来确定移动授权，OC 依据车辆位置信息与进路状态调整轨道旁设备。尽管这种设计实现了列车间的直接通信，轨旁设备的控制逻辑主要由 OC 执行，这不仅增加了系统的计算负担，还可能提升设备成本。

相比之下，狭义车车通信采取了一种更为扁平化的管理策略，强调"以列车为中心"。在这种模式下，车载设备可以直接向 OC 申请并获得对特定轨旁设备（如道岔）的控制权限。当列车接近需要操作的道岔时，它会向相应的 OC 请求控制权。一旦获取控制权，列车可基于实时运行信息对道岔进行必要的操作与锁闭，以适应当前的运营需求。完成任务后，列车释放控制权，使 OC 返回未分配状态，从而让后续列车或控制逻辑重新接管该区域。这种设计理念充分体现了列车在控制流程中的主动性，显著减少了对集中式控制逻辑的依赖，优化了系统响应速度和资源利用效率。

由于缺乏联锁设备，系统需预设避免道岔死锁的措施，由 OC 进行场景判断。道岔控制遵循"先进先出"原则，优先处理与 OC 建立通信的列车请求。同时，OC 通信建立时机的把握也极为关键，过早或过晚都可能影响运营效率或造成安全隐患。这种系统设计在提高灵活性和响应速度的同时，也对控制逻辑和通信机制提出了更高要求。

3. 降级下的运行风险

在基于车车通信的 CBTC 系统中，由于取消了传统的联锁设备，如何确保在降级运行模式下或非通信列车出现时的行车安全，成为系统设计的关键挑战。目前，主要的解决思路包括：

提高信号系统的可靠性是确保安全与高效运营的关键环节。在这一领域，CBTC2.0

系统引入的 CBTC 备份 CBTC 理念被广泛采纳，其目的是在出现故障时仍能维持设备维护活动，避免对正常运营产生干扰。对于车车通信系统来说，数据通信系统的稳定性和可靠性尤为关键。因此，采取双层网络冗余策略，如利用 LTE 和 WLAN 技术构建的双重网络，能够有效提升系统的抗干扰能力和数据传输的可靠性。同时，车载系统采用 2×2003 的冗余架构，确保在单个组件故障时，系统依然能够正常运作。

在控制中心层面，通过设置主用控制中心的冗余备份，以及配置热备用控制中心，进一步增强了系统的整体可靠性和应急处理能力。

此外，借助物联网 RFID 技术构建的次级监测系统，为列车位置管理提供了有力支撑。RFID 设备预先安装于车辆上，配合轨旁安装的读卡器实现列车位置信息的实时追踪。控制中心通过接收读卡器发送的车辆信息，能够实时"复制"列车的位置数据，实现不同模式列车的安全混跑。这一技术已在德国慕尼黑的火车进站定位系统中得到成功应用，并且被纳入 ETCS 标准中作为列车定位的辅助手段。

自主化列车控制的探索正逐步成为行业前沿趋势。借助不断发展的传感器技术，特别是数据和模型驱动的人工智能技术的应用，使得列车能够实现自我感知、判断与决策，从而在降级模式下也能提供有效的主动防护。在定位技术方面，自主化列车控制结合了多种先进手段，如基于卫星导航的虚拟应答器、地基增强系统定位、惯性导航以及多传感器融合等多元信息融合技术，实现精确的自主定位，减少对传统轨旁设备的依赖。同时，引入基于视觉的传感器，如毫米波雷达和激光雷达，进一步提高了列车对前方障碍物的识别与响应能力，为安全高效的运营提供了坚实的技术基础。

这些措施共同作用，旨在提升基于车车通信的 CBTC 系统在面对降级运行和非通信列车时的安全性和可靠性，确保行车安全。

三、城市轨道交通 CBTC 系统互联互通

（一）CBTC 系统互联互通的技术条件

各互联互通的线路在选择信号系统时，应当遵循统一的标准和规范，以确保系统的兼容性和协同性。这包括以下几个核心方面：

首先，采用一致的系统功能定义，这意味着所有线路的信号系统都需按照统一的标准来定义其功能需求，确保系统的模块化设计与互操作性。

其次，一致的系统架构和功能分配确保了各线路之间在结构和职责划分上的统一性，有利于资源的合理调配和管理流程的标准化。

再次，一致的互联互通接口规范，即接口协议需要在物理层、协议层和应用层保持统一，这是实现不同线路间数据交换和通信的基础。

复次，统一的轨旁设计原则和设备安装原则是确保硬件兼容性和一致性的重要保障。例如，应答器、信号机、计轴等轨旁设备的安装位置应当统一或兼容，DCS（集散控制系统）轨旁的漏缆和天线也应遵循统一或兼容的布局标准，以降低安装成本和后期维护难度。

最后，采用一致的人机界面和操作方式，不仅能提高调度员和司机的工作效率，还能降低培训成本，为不同线路之间的人员流动和技能转移提供便利。

综上所述，通过这些统一标准和规范的实施，各互联互通的线路能够实现更加高效、协调和安全的运行状态，同时降低系统维护和升级的成本。

（二）城轨 CBTC 系统互联互通的其他条件

城市轨道交通的互联互通是一个高度复杂且全面的工程项目，它不仅涵盖了信号系统本身的系统总体架构、通信协议、通信接口以及工程设计标准等内容，而且还需要充分考虑与之相关的多个外部条件。这其中包括了线路规划与设计、安全限界设定、车辆类型与性能、牵引供电系统的配置以及运营管理的制度与流程等方面。每一部分都是确保不同轨道交通系统能够有效融合、协同运作的关键因素，共同构成了互联互通体系的完整框架。因此，在推进城市轨道交通互联互通的过程中，必须全面细致地评估并整合各项条件，以实现系统的整体优化与高效运作。

参考文献

[1] 华平，唐春林. 城市轨道交通车辆电气控制 [M]. 北京：机械工业出版社，2023.

[2] 黄戡，肖丹，傅敏. 城市轨道交通 [M]. 长沙：中南大学出版社，2022.

[3] 杨培义，王若飞，曹治超. 城市轨道交通车辆 [M]. 成都：西南交通大学出版社，2024.

[4] 何峰，晏芳，李丹. 城市轨道交通概论 [M]. 成都：西南交通大学出版社，2023.

[5] 姚林泉，汪一鸣. 城市轨道交通概论 [M]. 北京：清华大学出版社，2022

[6] 陈波，张军，徐东. 城市轨道交通与运输 [M]. 哈尔滨：哈尔滨出版社，2022.

[7] 肖燕芳. 城市轨道交通车辆构造 [M]. 北京：中国铁道出版社，2023.

[8] 胡兴丽，龙讯，刘奇. 城市轨道交通行车组织 [M]. 北京：机械工业出版社，2023.

[9] 马广辉，李迎春. 城市轨道交通行车组织 [M]. 北京：北京交通大学出版社，2023.

[10] 李璐. 城市轨道交通概论 [M]. 北京：北京理工大学出版社，2022.

[11] 石英，付宁，韩雷斌. 城市轨道交通概论 [M]. 上海：上海交通大学出版社，2022.

[12] 钱海月，王海浩. 城市轨道交通低压电器控制技术 [M]. 北京：北京理工大学出版社，2022.

[13] 梁志国，段李浩，代科. 城市轨道交通土建工程施工技术 [M]. 武汉：华中科技大学出版社，2022.

[14] 徐金平，曾海军，赵宁宁. 城市轨道交通全自动运行系统运营与维护 [M]. 成都：西南交通大学出版社，2022.

[15] 韩松龄，刘菊美. 城市轨道交通乘务 [M]. 北京：高等教育出版社，2022.

[16] 孙玥，阴法明. 城市轨道交通运营安全 [M]. 北京：人民邮电出版社，2021.

[17] 林毓梁，马成禄. 城市轨道交通接触网 [M]. 北京：机械工业出版社，2021.

[18] 齐伟. 城市轨道交通概论 [M]. 2 版. 上海：上海交通大学出版社，2022.

[19] 孙玥，朱国巍，黄欣荣. 城市轨道交通行车组织 [M]. 北京：人民邮电出版社，2020.

[20] 赵矿英. 城市轨道交通概论 [M]. 3 版. 北京：电子工业出版社，2022.

[21] 罗钦，陈菁菁. 城市轨道交通概论 [M]. 2 版. 成都：西南交通大学出版社，2020.

[22] 盛海洋. 城市轨道交通安全管理 [M]. 武汉：华中科技大学出版社，2021. 12.

[23] 常博，刘建利，牛林杰. 城市轨道交通行车组织 [M]. 武汉：华中科技大学出版社，2021.

[24] 李建民，李群湛，靳守杰. 城市轨道交通供电系统概论 [M]. 2 版. 北京：机械工业出版社，2021.

[25] 郝菊香，王茹玉，唐艺凡. 城市轨道交通信号与通信系统 [M]. 成都：西南交通大学出版社，2021.

[26] 李晓红，谭丽娜. 城市轨道交通接触网技术 [M]. 2 版. 北京：北京理工大学出版社，2021.

[27] 贾毓杰，王红光，胡金成. 城市轨道交通通信与信号 [M]. 北京：机械工业出版社，2019.

[28] 罗丹. 城市轨道交通信号与通信系统 [M]. 成都：电子科技大学出版社，2019.

[29] 杨大秋. 城市轨道交通通信系统维护 [M]. 北京：北京交通大学出版社，2019.

[30] 高建峰. 城市轨道交通通信系统设备安装 [M]. 北京：中国铁道出版社，2019.